FSC
www.fsc.org
MIXTO
Papel procedente de
fuentes responsables
Paper from
responsible sources
FSC® C105338

AF565202

Editorial: BoD · Books on Demand GmbH,
In de Tarpen 42, 22848 Norderstedt (Alemania)
Impresión: Libri Plureos GmbH,
Friedensallee 273, 22763 Hamburg (Alemania)
ISBN: 978-84-1373-658-7

Estas y más historias las podrás encontrar en el blog diariodeuntaxistaenzaragoza.blogspot.com de donde han sido sacadas y donde continúo escribiendo otras nuevas.

ÍNDICE

MOVIDAS

LA VIDA MISMA

NAVEGOS

PROFESIONALIDAD

- Carreras
- Hojas de reclamaciones
- Lolita
- La delgada línea roja
- Taxista de pueblo
- Casposos
- Los clientes del taxi
- Taxista en Nueva York
- Mi nuevo coche eléctrico

MOVIDAS

ROBO A LA ITALIANA

He vivido varios años en esa zona, entre Vía Universitas y paseo Calanda y la conozco palmo a palmo.

No tenía garaje, así que he dado vueltas durante horas por esas calles en forma de laberinto buscando aparcar.

No diré que se ha degradado la zona porque se enfada mi librera, pero la realidad es que ha acogido mucha inmigración en las dos últimas décadas.

Era una noche cerrada de invierno, una espesa niebla cubría Zaragoza y se apretaba más en esas estrechas calles. Me entró un servicio para recoger en Berenguer de Bardaji y pasé unos segundos antes por el lugar de los hechos. Di la vuelta a la manzana y me quedé en la puerta a esperar a mis clientes, una pareja de latinos.

Con las ventanas arriba del todo y la radio no distinguía si los gritos que escuchaba eran de auxilio o gente cantando. En ese momento salieron mis clientes y se percataron que una chica se acercaba llorando y pidiendo ayuda: le acababan de robar el móvil.

El ladrón había pasado a 3 metros de mi hacia 20 segundos. Una enorme sensación de impotencia se apoderó de mí, solamente había visto a un tipo con capucha, pero no sabía nada más. Ponerme a correr por las calles abandonando el coche tampoco parecía la mejor idea. Por suerte, mis clientes reaccionaron mejor. Se acercaron a consolar a la chica y a ofrecerle ayuda. Mientras, yo volvía de mi estado de piedra y decidimos acompañar a la chica a la Policía a poner la denuncia. Melisa, así se llamaba la chica, era una estudiante de Erasmus italiana la que le habían robado algo más que el móvil en una noche fría de niebla en las Delicias.

A ANDORRA CON SOBRES

Casi todos los días paro varias veces en la parada que hay en la Avenida Gómez Laguna. Una de esas veces, salía de tomarme un café a media mañana del bar La Antilla, que está allí mismo y estando segundo en la parada justo en el momento que se alquila el compañero que estaba delante de mí, viene un señor con mucha prisa, llevaba unos sobres para llevarlos a Andorra.

Reconocí al hombre porque lo había visto hablar con un compañero la vez anterior que había parado ahí, pero la verdad que me cogió un poco de sopetón. Estaba tan tranquilo y me abren la puerta del copiloto: *Estos sobres hay que llevarlos a La Farga de Moles, en la frontera de Andorra y entregarlos en la Agencia Tributaria en la oficina de subastas antes de las dos, te pago ya, 300 euros que lo he hablado con un compañero suyo y es lo que cuesta.* Así, todo seguido y sin tiempo para reaccionar ni hacer preguntas, en ese momento abren la puerta de atrás. Una viejecilla que supongo que iría a un hospital o un centro de salud cercano. En décimas de segundo tenía que elegir entre llevar unos sobres a Andorra o una anciana a donde me dijera.

Obviamente elegí la primera. Cambiamos los teléfonos con el cliente y cogí ruta. No las tenía todas conmigo porque me planteaba una serie de dudas que a estas horas todavía no había resuelto como, por ejemplo: ¿Qué contenían los sobres? ¿Por qué no los llevaba de propio el cliente? (Le había visto antes con un Mercedes), ¿Qué pasaba si no llegaba a tiempo? Salí a las 10.45 de la parada con todas esas dudas, pero con la carrera ya pagada. El importe era algo inferior a lo que valía, pero podía perder la carrera si me ponía exquisito. Durante casi todo el camino el GPS me indicaba como hora de llegada las 13:59 y no tenía ni idea de donde había que dejar los famosos sobres. Cualquier percance o distracción harían que no llegara a tiempo, pero tenía mi palabra y para el cliente era importantísima esa entrega.

Finalmente encontré la oficina justo encima de donde se pasa el control de la Guardia Civil en la aduana y dejé los sobres a las 13:45. A las 14:05 recibí la llamada del cliente satisfecho. Y lo mejor que ya sabía lo que sentía los que subían a Andorra con sobres…más o menos.

TAXISTA BOMBERO

Salía de la iglesia de Montecanal, de concretar la fecha del bautizo de Ángel, mi segundo hijo, cuando me paré en la acera para dejar pasar a un coche que venía...¡¡en llamas!!

Me llamó la atención de lejos. Algo brillaba en los bajos. De cerca se veía algo increíble: toda la parte de los bajos del motor estaba en llamas.

El fuego iba de rueda a rueda y hasta el suelo. Eso iba a quemar manguitos, un depósito de gasolina...mejor no imaginar.

Bajé a la calzada para hacer aspavientos y decirles que pararan:

- ¡¡Se está quemando!! ¡¡Está en llamas!! - les gritaba.

Bajó la mujer, que iba de copiloto y comentó, sin darle mucha importancia

- ... Bueno ¿y qué hacemos? ¿llamamos a los bomberos?

Ahí me empecé a poner nervioso. Mínimo tardarían 15 minutos, y en 15 minutos del coche solamente quedaría el chasis.

Advertí al resto de los ocupantes del coche que salieran para estar más seguros.

El marido parecía tener secuelas de un ictus o algo así, ya que no tenía facilidad de movimiento, los críos, dos de unos 15 años no se despegaron ni un segundo de la pantalla del móvil.

Entendí que ese fuego lo tenía que apagar yo. Justo enfrente hay un restaurante, una arrocería moderna, que lo mismo puedes comer ahí, que llevarlo a casa.

Entré echando voces:

- ¡Qué cojo el extintor que hay un coche en llamas!
- Sí, sí, por supuesto - me acompañó uno de los camareros.

Finales de junio, 43 grados en una tarde en plena ola de calor en Zaragoza, acercarse a las llamas sería abrasarse. El marido había abierto el capó que, aunque me venía mejor para apagarlo, al ventilar el hueco del motor, había avivado las llamas que ya asomaban por arriba.

Nunca había usado un extintor, pero están bien pensados y resultó fácil: tirar de la anilla, dos chufletazos buenos por arriba y dos por abajo y descargué el extintor, una nube de polvo y el fuego estaba apagado.

Me quedé bastante frío porque parecía que el único que estaba preocupado era yo. Los críos seguían con el móvil, el marido sin reaccionar, a la mujer ya no la vi y los pijos del bar ahí de mirones.

Cogí el coche y seguí ruta (continué trabajando en el argot taxista) en la primera rotonda me levantan la mano: *¡anda el taxista bombero!*

Al rato regresé al lugar donde había sucedido el siniestro, y la grúa se estaba llevando el coche.

Resultó que la lona de los bajos del motor se había soltado y con el roce del asfalto y el calor que hacía, prendió y fue la causa de que el coche ardiese.

EL NÚMERO 10

Otoño de 2011. La crisis aprieta y a menudo, te hace ir a buscar servicios en lugares poco recomendables. Donde antes lo evitabas por ser zona peligrosa o por no coger a algún cliente digamos en mal estado, ahora tienes que ir a "probar suerte" a ver si sale una carrera, y eso, en ocasiones, trae alguna que otra sorpresa desagradable.

Subía por la calle Don Jaime, la que cruza el casco histórico de Zaragoza desde Echegaray y Caballero hasta el Coso. Es una zona de restaurantes, de bares de tapas, de bares de marcha. Era una noche de sábado, no demasiado fría, sobre las 2.00 o así, en el mes de noviembre, en la que se supone que sale más la gente y hay más trabajo para nosotros. Tenía delante de mí a cuatro compañeros en posición libre, lo cual me desanimaba bastante y me hacía pensar que esa noche no las rascaría, así, que al llegar al cruce con Espoz y Mina decidí girar y meterme hacia Manifestación, donde se concentran muchos bares de la zona del "casco" y ponerme primero para tener más opciones de alquilarme.

En otras circunstancias, los clientes salen a buscarte a Don Jaime, pero las cosas están como están y en ocasiones hay que jugársela.

Ahí iba yo, a 10 km/h y esquivando borrachos y procurando no molestar a nadie cuando me levanta la mano un grupo de jóvenes con buenas pintas y aparentemente en buenas condiciones. –Cuídamela bien- decía el chico que me había levantado la mano mientras se subía una chica sola por la puerta de detrás del conductor.

- Buenas noches. Decía yo
- Hola…
- ¿A dónde vamos?
- Ilurzsstarrrrcion 1€¬6# por favvrr….

La calle la entendí, el número no. Vaya guasa que llevaba la tía - ¡no podía ni hablar! La verdad que no la había visto por la calle, pero había entrado por su propio pie, lo cual me hacía pensar que tampoco iría muy mal… pero cuando se cruzó al otro asiento y la pude ver y me dijo la dirección se confirmaron mis peores presagios. Baco le había vuelto a jugar una mala pasada a una niña de mamá y yo tenía que apechugar con el mocho. El sitio de destino estaba en una zona residencial donde vive gente adinerada lo cual me daba tranquilidad en caso de que la cosa pasara a mayores.

Pensé en acercarme a la calle y una vez ahí ver cuál era el portal o la urbanización exacta para dejar a la niña en las mejores condiciones. Así que cogí dirección mientras intentaba en vano darle conversación para que no se durmiera. Todavía no habíamos salido del casco y la chica empieza a llorar…

- ¿Le puedo ayudar en algo?
- No, no…gracias
- Si quiere llevo bolsas de plástico por si las necesita eh

No terminé de preguntárselo cuando empezó a echarlo todo. Dios mío ¡pero que había bebido esa chica! Me podía haber avisado para ayudarle o pedir una bolsa o algo -¡¡vaya olor que se me va a poner en el coche y los asientos a ver cómo se me quedan!!! y a ver cuándo lo limpio y a ver…

Era la primera vez que me pasaba y no salía de mi asombro. A los 10 minutos de cogerla llegué al barrio y le pregunté cuál era su portal exacto. La niña para entonces ya lo había echado todo, se había quedado a gusto y ya estaba dormida. Me detuve en el arcén y me giré para despertarla y poder preguntarle

- Chica, chica, ¿¿en qué número vives?? Le preguntaba mientras intentaba despertarla

- Eeeehhh… en el… en elzzzz en el diezzzzzzzzsfff…

La cosa se ponía chunga, la chica se había dormido y no parecía fácil despertarla. Había entendido el 10 con que pensé el llevarla ahí y cuando ella viera su casa reaccionaria pensando en la cama y así quitármela y ver cómo me había dejado el coche. Observe que la niña no se incorporaba para vomitar y lo llevaba todo repartido por el pelo y la ropa, lo que dibujaba un escenario absolutamente asqueroso, aunque salvaba un poco mi tapicería.

Al dar la vuelta a la urbanización ¡sorpresa, el 10 no existe! Del número 4 se pasaba al 12 y en medio solamente había una iglesia y una residencia de ancianos. Tenía a una borracha inconsciente en el coche y no tenía ni idea que hacer con ella. Empezaron a venir ideas a mi cabeza que conforme venían eran descartadas… ¿mirar el bolso para ver el DNI y ver donde vive…? ¡No! Eso es invadir la intimidad y podía ser delito. Sacarla del coche y dejarla en la acera…ni loco… no soy tan carbón. Mi única salida era llamar a la policía. Cogí la emisora y di aviso a la central para que me mandaran una patrulla. Al momento se presentó un compañero que estaba cerca y me había oído por la emisora.

Era un miembro de la junta, no lo conocía en persona, pero me habían hablado de él. Sabía que era abogado lo cual me daba tranquilidad a la hora de dar explicaciones a la pasma.

- Buenas noches. Yo soy Manolito (nombre inventado), me dijo.
- Hola ¿qué tal?
- ¡Vaya cuadro que tienes!
- Ya te digo.
- Has hecho bien en llamar a la policía, cuando te he escuchado he pensado: que no le haga nada por Dios, que se la carga. De esto se tiene que encargar la policía. Estaba por aquí cerca y he venido echando leches.
- Muchas gracias tío, es la primera vez que me pasa esto y no sabía que hacer, pero si, supongo que será lo mejor porque la tía esta grogui.

Me encendí un cigarro y nos acercamos a verla, la niña estaba con los pies cruzados, con el cuerpo apoyado entre la puerta y el asiento y la cabeza hacia atrás mirando al techo. El compañero alucinaba más que yo. Habría visto más casos, pero como este seguramente ninguno. Al momento vino la pasma. Tras las presentaciones y la exposición de los hechos, de lo que se encargó mayormente el compañero, los maderos abrieron la puerta del coche y examinaron a la chica. Eran policías jóvenes y la verdad que parecían majos, estaban por la labor de ayudar. Hay que avisar a una ambulancia, esto es un como etílico ¡rápido va! Como pudieron le cogieron el bolso y las sorpresas continuaron: cuatro o cinco tampones, una cartera con 3 euros, ¡sin documentación y sin móvil!

- ¡Cómo se puede ir así por la vida! se indignaba un policía.
- Esta es la juventud que estamos criando, las pijas se ponen hasta el culo y movilizan aquí a taxistas, a policía y a ambulancias, como si no tuviéramos cosas más importantes que hacer, que todo esto es un dineral, afirmaba Manolito.

Eran las 2:40 y las sirenas de la ambulancia atronaban en la tranquila urbanización.

- Este será el Charli que está loco. Comentaba Pepe, otro compañero que se había acercado.
- Pues las podía apagar que va a despertar a todo el mundo- apunté.

Con una pericia increíble, las chicas de la ambulancia consiguieron sacar a la chica del coche en estado de coma etílico. Subirla a la camilla ya fue más complicado ya que la niña ofrecía poca "colaboración" y el resto no sabíamos cómo ayudar.

La patrulla de la policía se trasladó al día siguiente al hospital para completar su informe: "que no os digo como me llamo", "que no pienso colaborar" afirmaba la tipa que finalmente no tuvo más remedio que identificarse.

Obviamente tuve que pedir el informe policial (30 euros) y denunciar a la chica para poder cobrar la carrera, la limpieza del coche y reclamar el lucro cesante, que se considera al dinero que dejo de ganar por el perjuicio causado. El total de mis pretensiones sumaba 207,45 €. El día 11 de mayo de 2012 se celebró el juicio, al cual, como no cabía esperar de otra manera, la susodicha, no se presentó.

Un abogado poco preparado, un informe policial con los datos de la acusada tachados por la protección de datos y una jueza que se iba del mundo, hicieron que mi demanda fuera desestimada y no cobrara ni un euro.

"FALLO: Que desestimando la demanda interpuesta por D. RAFAEL AIBAR ORTIZ, contra Dª R.G. T., debo declarar y declaro no haber lugar a la misma y, en consecuencia, debo absolver y absuelvo a la demandada de las pretensiones de la demanda contra ella entablada, con imposición de las costas procesales a la parte actora”

EL TRAVESTI

En mi primer año como taxista yo trabajaba como "chofer", es decir, conductor doblado, la licencia municipal numero 0636 era explotada por el dueño y por mí, lo cual hacía que nos repartiéramos las horas del día para trabajar. Mi horario era de 6 de la mañana a 8 de la tarde, aunque los últimos meses lo recortamos un poco porque acababa agotado. El del jefe, con el que tenía una buena relación, de 8 de la tarde a 6 de la mañana. Este horario hacía que los fines de semana empezara a trabajar cuando la gente terminaba la juerga y se fuera para casa. Esto dio para múltiples anécdotas.

Eran sobre las 8.30 de la mañana de un domingo cuando ya la faena ha bajado mucho y ya no queda nadie por la calle, más que algún ciclista madrugador y algún "pasao" que va de after. Me disponía a cruzar el Puente de Santiago dirección centro cuando me entró un servicio de emisora para el Bar Tango en la calle Pedro Villacampa y lo acepto.

Sabía que era una peatonal que sale de la Plaza San Gregorio, aunque el Bar no tenía claro donde estaba. Al llegar al lugar, no había nadie. Me doy cuenta que era un after de mala muerte y aviso a la central para que advirtiera de mi presencia. En ese instante salen tres personas dando voces. La primera, una negra de 1,50 m de alto por 1,50 m de ancho, (no tengo nada contra los negros). Se montó en el asiento delantero pegando tres botes abalanzándose sobre mí, supongo que sin querer por el ciego que llevaba. Consiguió que le llamara la atención y pensé que la cosa ya empezaba mal. Detrás se montaron un chico y una chica que no me dio tiempo de fijarme bien en ellos. Tras unos instantes discutiendo y dando voces entre ellos, me dijeron el destino. Cogí dirección a toda prisa por perderlos de vista cuanto ante y la verdad, algo nervioso por la situación.

Al parar en el primer semáforo observé que la parejita de atrás estaban de lo más "cariñosos "y querían terminar la noche con más "juerga". El chaval tendría unos 22 años, los ojos fuera de orbita y la mandíbula siguiendo a los ojos. El típico pastillero eufórico porque había *pillao cacho*. La chica parecía mayor que él, llevaba el rímel, maquillaje y demás todo corrido, entremezclado, borroso por las gotas de sudor que bajaban por su cara arrastrando todo lo que encontraban. El pelo rubio teñido, media melena y tan sucio como su cara…en fin, un bicho con claras facciones masculinas. La "chica", que era amiga de la morena del asiento delantero, comenzó con ella una ardua discusión en portugués. Mientras yo intentaba poner paz, la discusión cada vez iba a más, acompañada por golpes en el asiento y en los cristales de las ventanillas que hacían que tragara saliva. Sin entender ni papa de lo que hablaban, pisé el acelerador y me enfurecí bastante, lo que hizo que superara sus gritos en mi intención de poner paz. En estas, se metió por medio el chaval para sacarle la cara a su ligue a lo que la morena contestó enérgicamente girándose hacia atrás: -¡¡¡pero no has visto que es un travelo!!!!

Las palabras de la chica causaron estupor en el mozo. Pegó un salto en el asiento hasta darse con la cabeza en el techo pegándose a la otra puerta lo más alejado posible de su ligue. Los ojos recuperaron su órbita para ponerse como platos y salirse de nuevo. El ciego parecía habérsele pasado de repente. Boquiabierto y acojonado se quedó en una esquina sin decir nada mientras las dos chicas seguían con su discusión.

A mitad de trayecto, la chica de adelante se dirige a mí a voz en grito, quejándose porque según ella les estaba dando rodeo. La situación me empezaba a superar, me era imposible tomar las riendas, no era capaz de explicarle que el trayecto era el más corto posible, de callar a la de atrás y seguir conduciendo…

¡¡¡Iiiiiiiigggggggg!!!!Clavé los frenos del coche. El chaval se despegó de su rincón para estamparse en el asiento del copiloto, sin salir de su perplejidad ni de su estado de shock. A la "rubia", yo no la quería ni mirar. A la negra se le venció la cabeza para adelante por la inercia del frenazo, ya que el cinturón la mantenía pegada al asiento.

- ¿Pero qué haces? ¿Por qué paras aquí? ¿Aún queda mucho? ¡¡¡Encima que nos das rodeo…bla bla ##jk*/tl*k#|º#pq… !!!-decía la negra.
- ¡Os bajáis de aquí ahora mismo!
- Pero si queda mucho, si no sé qué….

Por fin me había rehecho, la situación ya la controlaba yo, y aunque no estaba seguro de cobrar lo único que quería era perderlos de vista. Estábamos al lado del destino, pero tampoco tenía ganas de ponerme a explicárselo. Era una zona marginal, de población inmigrante, la calle Ramón Pignatelli, pensé que, de ponerse mal las cosas, ahí tenía más de perder que de ganar.

Así que me despedí de cobrar la carrera para perderlos de vista

- ¡¡¡¡Os bajáis ahora mismo o llamo a la policía, pero ya!!!!
- Si ya nos bajamos, pero no te pagamos nene. Aseguraba el trábelo.
- ¡¡¡¡¡No hace falta que me deis nada, solamente largaos de mi vista ya!!!!
- Vale guapo, oye que tampoco te pongas así….

Continuaron la discusión fuera mientras yo intentaba salir de esas calles y recuperar el aliento. Sin dar crédito a todo lo que había sucedido en tres minutos dentro del taxi. Y es que hay cosas que solamente pasan a partir de las 8 de la mañana.

MATALEBRERAS

Matalebreras, Soria, un pueblo de carretera, muy pequeño, conocido porque en su gasolinera paran muchos camiones, ahí se suele poner el radar móvil y, como no, por Ser la cuna del picadillo de Soria. Una masa de carne de cerdo con pimentón, ajo y sal, que se utiliza para hacer embutido, pero que se puede comer también frita.

Era una noche de invierno y un coche llamaba la atención de sus habitantes. En estos pueblos nunca pasa nada y casi se conocen hasta el horario de parada de cada camionero. En su interior estaba Sophie, una chica del norte de Francia, 18 años, hija de un gendarme. Estaba realizando este año su curso de Erasmus en Soria. El resto de los ocupantes del coche eran hombres, de origen magrebí, que habían visto en Sophie una especie de salvoconducto para no llamar la atención de la policía y que no les parara y descubrieran negocio: el transporte de 80 kg de hachís.

En prensa se publicó que fue un vecino, pero en realidad fue un camionero portugués el que alertó a la guardia civil de la presencia del vehículo.

Este podría ser el comienzo de una novela de intriga, pero es un caso real. Berta, abogada del consulado de Francia es su abogada y una de las mejores clientes que tengo, me lo cuenta mientras la llevo a las visitas que tiene en la cárcel de Zuera. Sophie lleva cerca de un año en la cárcel a la espera de juicio y Berta la visita periódicamente.

Lo que todavía se me escapa, y también a la abogada, aunque le sigue jurando que es inocente, son los motivos por los que Sophie entró a ese coche.

MONZON PUEBLO

Era el primer viernes de agosto, salía de almorzar y un nerviosismo especial recorría todo mi cuerpo. Es algo que solamente unos privilegiados podemos sentir, sólo los que somos de pueblo sabemos que es eso, ese día empezaban las fiestas de Castiliscar, ¡las mejores del mundo!

Pensaba pasar un día tranquilo, compras de última hora y esas cosas. Iba por el Paseo de Calanda y unos rumanos de dos por dos me levantan la mano. Paro para recogerlos y veo que el pelotazo que llevan es importante. Sin subirse al coche me preguntaron para ir a Monzón. Entre que el castellano no era muy bueno y que la lengua se les trababa entendí que querían ir a la calle Monzón en Torrero: unos 6 euros les dije.

– No, no. Monzón pueblo.

En ese momento la cabeza empieza a valorar los pros y los contras a la velocidad de la luz y sin darme cuenta. Ese día no pensaba hacer mucha caja así que era una buena oportunidad de negocio, claro que también podía ser que no cobrara o incluso algo peor, desde que me metieran una paliza y me robaran el coche, hasta... Está bien subir, les dije.

El que estaba más despierto se puso de copiloto, se echó mano al bolsillo y saco cuatro billetes de 50 € y alguno de 100 todo arrugados en una zarpada y los dejó caer por el salpicadero: ves, tenemos dinero y ahora vamos a parar en un bar para coger una coger una cerveza.

Obviamente les dije que no iba a hacer eso, lo cual les despertó y les incomodo bastante, -por favor, solo una lata, que te cogemos una para ti, que si no nos bajamos… así que, para no perder la carrera finalmente decidí parar.

La lata de cerveza había pasado a ser dos jarras de tercio, tres bocadillos y una naranjada para mí. Ya no les iba a decir que no y, por lo menos, habían tenido el detalle de cogerme algo para mí también, así que adelante, lo único que me puede pasar sería que me pare la Guardia Civil y si ocurre, creo que el hecho de llevar las jarras sería lo de menos, pensé.

De todos mis defectos, el que mejor llevo es la ingenuidad. Me fio de la gente, pienso que todo el mundo es bueno, cojo a casi todo el mundo que me para, busco el lado bueno de la gente y espero no tener razones para cambiar ese defecto.

En lo que estaba contando, estaba saliendo de Zaragoza y al de detrás se le cayó media cerveza por encima y había dejado la jarra a medias entre los pies. Me estaba empezando a poner nervioso. Más si cabe. Estaba más pendiente de la cerveza del de atrás que de la carretera cuando en un mal gesto levanta los pies y la tira. Clavé los frenos, puse los intermitentes y paré en el arcén.

- ¡Se acabó! Os bajáis aquí, dije. Obviamente era un farol, porque yo, lo que quería era cobrar, de esa manera me hacía con la situación, al fin y al cabo, en esos momentos ellos dependían totalmente de mí y visto su estado ya no se iban a poner a pegarme.

Guardé la jarra del de atrás en la guantera de en medio de los asientos, el otro ya estaba frito, cogí la otra jarra y la tiré a un campo y continuamos la marcha. Cogimos la carretera y al momento se quedó dormido también el de atrás.

Esa sensación de llevar dos borrachos dormidos encima y no saber dónde vas, ¡no me habían dicho la dirección! En el trayecto contacté con el abogado de la emisora y claro, me dijo que para qué los había cogido. Por otro lado, mejor que no me ayude porque mi anterior experiencia con él había sido nefasta, pensé. Ya pasado Huesca, vi a lo lejos un patrol verde. Era la primera vez que me alegraba de ver a la Benemérita en la carretera. Pensé que si me acompañaban estaría más seguro y los otros se cortarían si llevaban malas intenciones. Me puse detrás de ellos un rato haciéndoles la ráfaga como señal de advertencia y no me hacían caso. Decidí ponerme a la par y hacerles gestos, pero nada, cogieron la siguiente salida.

Ya estábamos llegando a Monzón, yo no había estado antes. Los rumanos seguían sobaos. Al fondo, justo en la entrada del pueblo veo la bandera roji-gualda, me acerco y leo el cartel "Todo por la patria" –Esta vez me hacen caso- pensé.

PIIII PIIIIII PIIIIII PIIIIII, Hice sonar el claxón hasta que salió una pareja.

- Buenos días, mire usted que vengo de Zaragoza y llevo a dos clientes en mal estado y no sé dónde los tengo que dejar.
- Sí, pues ningún problema, vamos a sacarlos, los identificamos y que le abonen la carrera.

Al empezar a mover a los clientes se despiertan.

- ¿Pero por qué? Por qué haces esto, me decían.

Como pude los saqué por mi cuenta ya que la colaboración de los agentes fue escasa, más allá del efecto intimidante. Me pagaron la carrera con los billetes que había en el salpicadero. Tengo que decir que, pese a ir en malas condiciones su honradez habla muy bien de ellos. Me preguntaron en varias ocasiones si me habían pagado después de haberlo hecho. Les podía haber acercado a casa, pero ya estaban cerca y decidieron ir andando.

Hice todo el camino de vuelta cantando y para mí, iba pensando que, en el fondo todo el mundo es bueno, y más cuando se acercan las fiestas de mi pueblo.

PILARES

*No apto para menores de 16 años

Pilares 2010, primer viernes. El chupinazo es el sábado por la tarde, pero la noche del viernes previo ya es fuerte. Oficialmente no son fiestas, pero la gente empieza con ganas y al final, esa noche, es una de las más intensas.

A la 1:30 de la noche bajaba por la avenida Gómez Laguna y me entra un servicio por el terminal para el Mesón Martin. Es un sitio pequeño, con ambiente taurino y se come de maravilla. Son clientes y ya había recogido ahí alguna vez, incluso había estado comiendo hacía unos días, así que me acerque con toda confianza. El restaurante estaba a tope y le dije a un camarero que atendiera a mi servicio. Enseguida salieron dos tipos de mediana edad y otro mayor que por las pintas no se habían guardado nada de hambre ni de sed. La gente cuando sale de fiesta no entiende que nosotros estamos trabajando y nos intenta meter en su fiesta. Los taxistas nos ganamos la vida llevando a la gente a donde nos pide, no siguiendo las bromas ni riendo las gracias a los borrachos. Tras aguantar las gracias y los saludos protocolarios cogí dirección.

El recorrido me llevaba fuera del límite de retorno, a Cuarte, un pueblo cercano, que se cobra a kilómetro, para dejar a uno, luego volver y dejar al resto en Zaragoza, lo cual se cobra en taxímetro. Mientras yo pensaba la manera correcta de aplicar la tarifa los tipos seguían su fiesta…

- A mí no me hace falta reserva aquí, yo vengo y le digo al jefe que me dé una mesa y hecho. Decía el tipo de delante.
- Joder, que grande que eres tío, vamos a hacernos unas filas para celebrarlo. Decía uno de detrás.

Los tíos eran unos sobraos. No hacían más que hablar de drogas, de coches de gama alta y de putas. En el asiento del copiloto se puso el mayor. Un tío gordo de unos 50 años, empresario turolense, casado y padre de familia. Detrás iban dos de unos 30 años, uno más flaco que el perro de un pobre y el otro calvo como una bola de billar, los dos feos con avaricia, pero por lo visto con dinero. Debían tener negocios en común. Eso o alguna extraña relación les unía porque empatizaban bastante, aunque ya se sabe, el mundo de la noche une a gente muy diversa.

Ya en carretera el señor de delante se jactaba de las veces que le había puesto los cuernos a su mujer mientras el calvo de detrás le hacía los coros y le reía las gracias y el flaco solo pensaba en esnifar (nunca he entendido porque se drogan si se van a casa).

- Pues me voy a ir a un sitio que me han dicho que hay unas rusas que están tremendas. Berreaba el tipo de delante.
- Te tienes que ir a La Isla. Ahí sí que están buenas jajaja. Aseguraba uno desde detrás
- ¡A mí no me enseñas a ir de putas tú, porque yo me sé los mejores sitios aquí y en toda España chaval! - fanfarroneaba.
- Ese es nuevo, yo estuve hace 15 días y ¡está dabuti!
- Sobre todo, que no se entere mi mujer ¡eh! que yo solo he venido a cenar jaja…

Es muy difícil seguirle el rollo a unos fanfarrones borrachos cuando uno va sereno. Ya de vuelta y en un intento de crear buen ambiente y dominar la situación, cambié la música y puse a Los Chichos…*por qué tú te corres bonita tú te pones orgullosa, ni más ni menos, ni más ni menos…*

Lo peor que pude hacer…Los tíos se vinieron arriba, gritos y palmas y viva la fiesta, todo bien salvo por dos detalles, me caían mal y estaba trabajando.

- Déjeme aquí. Dijo de repente el de atrás.
- Sí, sí, que he aparcado por aquí y mañana tengo que ir pronto a currar.

Y de pronto se hizo la calma. Se suele decir que las fieras solo son agresivas cuando van en manada y que si van solas dejan de ser agresivas. Continué ruta sin saber bien el destino.

- ¿Le dejo en el club de Coímbra?

El tío no contestaba, a la vez que me miraba fijamente de arriba abajo, yo iba recostado en el asiento, cambio bastante de postura conduciendo para que el cuerpo no se duerma, me incomodaba bastante como me estaba mirando en el momento que suelta:

- ¿Tú entiendes?

El castellano perfectamente, otra cosa ya no, le dije. No tengo nada en contra de los homosexuales, siempre que me respeten claro, y la situación se había puesto tensa por momentos. Cambié de postura, agarré fuerte el volante y apreté el acelerador para llegar lo antes posible ¡El taxímetro marcaba 40 euros y se los tenía que cobrar a un tío que fanfarroneaba de putero y me había propuesto relaciones!

Camino al centro pasamos por una zona oscura de edificios vacíos y descampados cuando me dijo que quería parar… ¡a orinar! de la perplejidad pasé al enfado. A la primera luz que vi clavé los frenos y paré el coche. Era mayor que yo, pero sabía que estaba acorralado y no me podía hacer nada así que me hice fuerte y le dije: “O me pagas 50 euros o vas a tener problemas”. Por suerte accedió y lo perdí de vista. La vida nunca deja de dar sorpresas y más en un oficio como este.

LÍOS DE FALDAS

Los domingos por la tarde son las horas por excelencia del transistor, el carrusel de goles que no para en un ir y venir de gente que se cruza en las estaciones. La radio siempre ha acompañado al viajero y al taxista, y en la tarde del domingo es cuando más se hace patente. Esas tardes en las que se cruzan los viajeros por las carreteras, las ciudades se convierten en un hormigueo de domingueros que vuelven, estudiantes que llegan con los libros acuestas, algunos que andan con luces de otro día y que no saben si van o si vuelven, ojeadoras de escaparates con el marido acuestas y paseantes de profesión en el día grande.

Siempre he ido escuchando al maestro Pepe Domingo Castaño y al gran Paco González, en la SER y en la Cope. La tarde se hace mucho más corta cuando escuchas los pitidos y la voz de Pepe que dice: ¡Hay gol en La Coruña Germán!, y en los 10 segundos que se pega el narrador gritando ¡gooooolllll! Piensas que si lo ha marcado el Depor tu equipo entra en descenso, y te entra el sudor frío, pero si lo ha marcado el

Sevilla y luego ganamos nosotros…¡¡Pi, pi, pi!!, en esto que el pitido es el de la emisora: Tiene un servicio.

Recojo en una urbanización de alto nivel a una chica joven y atractiva:

- ¿Me lleva a la estación del AVE por favor?
- Si claro.
- ¿Cómo va el Depor? Me pregunta.
- Pues si le digo la verdad no lo sé, acaba de marcar un equipo per ya no sé cuál.
- ¿Pues tiene que perder el Depor no? Para no entrar en descenso…
- Sí, sí, y sobre todo a ver si ganamos nosotros mañana porque si no…
- Ahora se acaba de ir éste en otro taxi. Me dice.

¿Éste? ¿quién es éste? Algún futbolista del Zaragoza supongo…Bueno ya que me la ha dejado botando le voy a preguntar y le saco algo de información:

- ¿A quién te refieres con éste?
- Rubén, Rubén Rochina.
- Ah sí, ¡Buen futbolista, lo que pasa que casi no lo pone el entrenador, pero cuando juega lo hace bastante bien!

- No, pero eso que dicen que están peleados es mentira eh, no ha pasado nada, lo que pasa que la prensa lo malinterpreta todo, no ha pasado nada.
- Bueno algo se ha oído si, a mí la verdad que cuando ha jugado me ha gustado y tiene buen disparo y lo intenta el chaval.

La chica, se había enrocado en que la bronca que había sacado la prensa entre su novio y el míster era una invención para malmeter y tal y cual cuando yo caí en la cuenta que mi cuñada me había comentado que ese futbolista salía con la gogó de una discoteca de la ciudad y decidí interrumpirla para desviar la conversación:

- Perdona, ¿conoces a Vanesa?
- ¿A qué Vanesa?
- A la del restaurante Aspen, son los mismos que los de la Supernova, donde trabajas tú ¿no? Es que me ha dicho que Rochina tiene un lío con la gogó de ahí…

La chica pasó del blanco al morado, ojiplática, furiosa, echando humo por las orejas me dijo:

- ¿Perdona? ¡Yo llevo cuatro años saliendo con él ¡Soy estudiante, vivo en Barcelona y vengo a verle los fines de semana y no trabajo en ninguna discoteca!

Vaya, ya he metido la pata, la próxima vez no me meto donde no me llaman.

LA NOCHE LES CONFUNDE

Los fines de semana empiezo muy pronto a trabajar, salgo a las 4.30 y sigo todo el día.

Ese fin de semana, la primera carrera que cogí llevaba premio.

No diré que era una ecuatoriana para que no me etiqueten. Antes que entraran se notaba que habían bebido bastante, seguían bebiendo de una botella vacía, pero era un servicio de emisora al que me había costado llegar y había rechazado recoger a otros clientes que me paraban por lo que me daba más reparo rechazarlo.

Llegamos a destino con todo el premio por el coche y en un principio, por lo que logré entender, la chica y su amiga se mostraron en disposición de colaborar y resarcir el perjuicio.

No iban en condiciones de limpiar ni tenían más dinero que para abonar la carrera. Difícilmente podíamos dejar ahí resuelto el tema.

Llamé a la policía para que me indicara la forma de proceder y así dejar constancia para lo que pudiera pasar. Tenía oído, no sé de dónde, que aquello salía por 200 euros.

Eso les hizo fruncir el gesto. La verdad es que va de 50 € a 600 € depende la gravedad y lo que estime el juez de turno. Alguna multa han puesto de 200 €, por eso me sonaba.

Antes de que llegara la policía, llegaron los maridos de las chicas, en peor estado, envalentonados e insultando: *¡¡pinche!! ¡¡pendejo!!* - y cosas así me dedicaban.

Me apreté porque de tocarlos podía tirarlos al suelo y me buscaba otro problema mientras les explicaba lo que iba a suceder.

Ese fue mi error, porque se les pasó la valentía y se metieron en casa sin que yo pudiera hacer nada por retenerles.

Como era un servicio de emisora le reclamé a la base y conseguí el teléfono, aunque la chica que llamó no había venido en el taxi.

Cuando llegó la policía anotó lo sucedido y después de una hora me fui con el coche perdido a lavarlo y tratar de salvar como pudiera la caja del fin de semana.

Al día siguiente llamé al número que tenía para reclamarle los 200 € más el importe de la limpieza y el lucro cesante.

La chica se asustó y me dio el teléfono de la que había dejado el regalo, que era realmente lo que quería.

Procedí de igual manera, diciendo que estaba asesorado por mi abogado y que para evitar denuncias y juicios y peores consecuencias me conformaba con menos. En el peor de los casos a la chica le podría salir por unos 600 euros según los precedentes, aparte, no sé cómo va el tema, de enturbiar el proceso de nacionalización que era lo que más les preocupara según los maridos. Recordé que los borrachos siempre dicen la verdad. 200 euros me parecían una cantidad razonable. Era una oferta irrechazable. Estaba por la labor y yo tampoco quería complicarle la vida.

Le di una semana de margen para que lo pensara, pero todo dio un vuelco: me exigía factura, papeles y denuncia.

Le di todo, menos la denuncia, en principio no quería denunciar, pierdes una mañana a riesgo de no sacar nada, advirtiendo que era más gravoso para ella, cosa que no le hizo cambiar de opinión.

No me quedó otro remedio que ir a poner la denuncia, pero solamente tenía una dirección y un número de teléfono. "La puedo llamar y preguntar cómo se llama" le dije al agente. - No, eso es delito- contestó. Al no tener identificación de la denunciada no pude continuar el proceso y me quedaba sin denunciar y sin cobrar nada.

Creo, sinceramente que el agente no tenía ganas de trabajar y me deja la sensación que, muchas veces, las leyes no protegen más a la culpable que a la víctima.

NEXT GENERATION

Supongo que cada generación se siente ungida por una serie de valores que les hace únicos y que son la última que los encarna y que se van a perder para siempre y todas esas cosas, pero en mi generación, la de los nacidos en los 80, creo firmemente en que se cumple. También se dice que toda generación mira de forma condescendiente a la anterior, por encima del hombro y con superioridad moral. Aceptando todo eso, empatizo mucho con los adolescentes. Es una edad que a todos nos ha marcado, el paso de la niñez a la vida adulta, descubrir el mundo en una primavera constante, montarte en la tabla a surfear la ola y aprender a base de tortazos.

Pero mi generación ha sido la última en surfear.

Os cuento esto porque el domingo lo comprobé en 30 segundos y tres frases. Lo que tardé en largar a dos niñatos del taxi.

7 am. Rotonda de la discoteca Supernova. Me paran los dos chicos, antes de su subir le vacilan al conductor de la furgoneta que estaba detrás nuestra y que hacíamos esperar. Ya empezábamos

mal. Sin decir buenos días, suelta uno la frase que sintetiza todo:

"Ya marca 3 pavos co"

Le llamo la atención para que recapacite, a lo que me contesta entre dientes -espabilado tu- con lo que clavo los frenos en mitad del puente de la Almozara y haciendo un chasquido de dedos les digo fuera.

Creo que sería la primera vez que cogían un taxi. Rechistando que vaya chollo de trabajo tenía y se irían a pata hasta la plaza San Francisco.

A menudo tenemos una actitud populista y adolescente de quejarnos por el precio de todo, sin atender a que detrás de ese precio hay un servicio, una formación, una inversión, y una serie de circunstancias que justifican cada céntimo. Esas actitudes, frecuentemente se alimentan con copias fraudulentas que esconden alguna circunstancia (evasión de impuestos, inversión, calidad etc.) y ofrecen algo similar por un precio inferior, pero con mucho margen de beneficio, haciendo creer que es el profesional el que se está forrando con márgenes abusivos, cuando es el profesional el que está más ajustado. El caso es que al chaval le descuadraría el presupuesto de paga semanal esos 3 euros cuando no habrá trabajado en la vida y no sabe lo que cuesta ganar esos tres euros. Yo por ejemplo me había levantado a las 4 de la mañana para, entre otras cosas, llevarlos a casa seguros después de una noche de fiesta. Pues ese madrugón también está detrás de esos 3 euros. Mi generación creo que será la última que a los 20 años ya conocía 2 o 3 trabajos compatibilizados con estudios, y, además, le daba para dar los buenos días y tener respeto por las generaciones anteriores.

No sé si hice bien desde el punto de vista de servicio público que soy como taxista, pero sí que espero que le sirviera una lección de humildad a un fenómeno de la nueva generación.

EN SOLO UN SEGUNDO

La mayoría de las desgracias ocurren siempre en un segundo. Si has llegado hasta aquí ya has utilizado varios, la desgracia podía ser mayor.

Un domingo por la mañana pasaba por la parada de la Almozara y al ver que estaba vacía decidí parar.

Justo delante de mí, se agolpaba la fila en el quiosco de la ONCE, lo que me hizo recordar que tenía un cupón por revisar.

Pensé que me alquilaría antes que terminara la fila, pero en esas que miro otra vez y estaba vacía.

Cojo el boleto y me decido a abrir la puerta para salir.

En ese momento, una masa roja pasa a toda velocidad.

Pensé que la puerta rebotaría y volvería, pero no. En solo un segundo se me pasaron un montón de cosas por la cabeza.

Intento sujetarla, pero ya es tarde, ya solo queda rezar porque los daños sean los menores posibles.

En ese momento tampoco lo valoro, pero salgo ileso, cuando podía haber sido mucho peor.

Salgo porque la puerta estaba abierta del todo y el murmullo era ensordecedor, acaparaba todas las miradas: un autobús urbano acababa de llevarse mi puerta.

LA NOCHE DE LOS CUCHILLOS LARGOS

Esto es un homenaje a Jose Luis y a todos los compañeros que han sufrido algún tipo de agresión en el taxi.

El primer sábado postpandemia desalquilo en la plaza del Justicia cuando se me acercan dos moros solicitando mi servicio.

Van comiendo pizza, al subirse uno de ellos le da a un chico diciendo toma maricón, come pizza.

Dando la vuelta para coger dirección, se enzarzan en una discusión en su idioma que no logro descifrar. Los gestos de desaprobación son evidentes, hasta el punto que el que llevaba pizza sale del coche enfadado.

Termino de dar la vuelta y desde fuera me dice el moro que había salido:

- - ¡Qué sepas que no te va a pagar!

No sé qué intenciones llevaría mi cliente, pero pensé que en ese momento abandonaría cualquiera que no fuera la de pagar.

Una vez descifrada la discusión, (a lo mejor era la típica broma de decir venga luego nos vamos corriendo… pero el enfado del que salió no parecía que fuera broma), cogí ruta, no sé por qué, no me planteé decirle que se bajara y evitar problemas. Lo que pensé fue coger el móvil, la cartera y las llaves por si tenía que salir corriendo.

Durante el trayecto calma chicha. El silencio se escuchaba.

Al llegar a destino cobré sin problema, sin mediar más palabra.

Esto no va de racismo, ya que un moro destapó al otro. Esto va de buenas y malas personas, o buenas y malas conductas o acciones.

Somos un blanco fácil, como desgraciadamente han comprobado muchos compañeros, va por ellos, ¡cuidado ahí afuera!

EL DIA DE AÑO NUEVO

"El día de año nuevo" es una canción de Amaral que sirve para poner banda sonora y en contexto esta historia.

Ya no aguanto nada por la noche. Enseguida me vence el sueño. La nochevieja había ido tranquila, sin sobresaltos y a las 5 estaba en la cama.

Al día siguiente también me tocaba trabajar, dormí unas horas y continúe patrullando.

Tengo la manía de repasar todas las canciones que le cantan al año nuevo en el 1 de enero: Amaral, "El dia de año nuevo" U2, "new year´s dey" Mecano, "En la puerta del sol"...así que iba que no daba abasto. También porqué debíamos de estar pocos compañeros trabajando y la emisora no paraba de lanzar servicios.

Subía por vía Universitas cantado por Amaral cuando me entra un servicio para la calle San

Antonio. Ya había pasado el giro de la calle Daroca y subir a dar la vuelta en la rotonda de Duquesa Villahermosa me demoraría demasiado. Así que me la jugué a hacer la pirula en la calle Hermanos Gambra para hacer el cambio de sentido y coger dirección.

No había terminado de echar un trago de agua tras hacer la maniobra y parar en el semáforo cuando dos motos de la policía local se pararon delante de mí, cerrándome el camino.

Se desmontan chupete en mano:

- Se acaba de saltar un control de alcoholemia, ¿sabe lo que eso significa? ¿Quiere someterse usted al control? ¿Ha bebido algo?
- Agua, fue lo único que pude contestar mientras cerraba la botella.

Había montado un dispositivo de control de alcoholemia a 100 metros que al hacer la pirula lo había esquivado.

A día de hoy no sé exactamente las consecuencias de saltarse un control de este tipo, pero creo que es peor que dar positivo. Por suerte el agente se me adelantó en las explicaciones y adivinó que iba con prisa a recoger un servicio. Tuve suerte, 0,0. Podía empezar el año cantando.

LA VIDA MISMA

ALTA SUCIEDAD

Si hay una profesión pegada a la sociedad, que vive con ella el día a día de su realidad, instalada en la actualidad y a los vaivenes socioeconómicos que experimenta, es la de taxista.

En el día a día, a menudo se encuentran situaciones en las que la realidad te da una bofetada para la que no estabas preparado.

No quiero dar clases de moral, ni entrar en polémicas ni en política, ni quiero cambiar la sociedad, pero creo que nuestro egoísmo nos hace ser peores personas. Creo que cada uno de nosotros deberíamos mirar un poco dentro de nosotros mismos para hacer algo por los demás.

Un día cualquiera, me desalquile a mediodía en el servicio de Urgencias del Hospital Miguel Servet y al bajarse la clienta se acercan a mí dos celadores con un paciente en silla de ruedas:

- Mire, ¿podrías acercar al señor al refugio? Es un vagabundo que hemos atendido, esta aseado y hemos puesto dinero los sanitarios para pagar la carrera.

- Sí sí, claro, dije sin pensarlo. Pero están los compañeros en la parada de ahí y yo no puedo recoger aquí.
- Si, ya se lo hemos dicho, pero ninguno quiere llevarlo.

Así que accedí a llevarlo a mitad de precio, ya que lo pagaban a escote, así ponía yo algo de mi parte.

El señor, al que la vida o él mismo había escogido ir por el mal camino, resultó ser hijo de taxista. Aparentaba tener unos 50 años, pero tenía 35, casi de mi tiempo. Llevaba una bolsa de aseo con lo básico.

Llegamos al refugio, se quejaba mucho de las piernas, casi no podía andar, mientras le acompañaba hasta la puerta pensaba en los escrúpulos de los taxistas de la parada para negarse a llevar a una persona, le habían humillado y no se lo merecía. Le habían negado lo más elemental para un ser humano en su condición de individuo dentro de una sociedad. Empezando por gestos como ese, estas personas son difícilmente insertables en la sociedad. Todos somos personas y tenemos dignidad y nadie debería pasar por encima de ésta sea cual sea su condición social.

Me ratifica en esta teoría un caso que conocí en el Bar La Antilla. Todos fines de semana desayunamos ahí una cuadrilla de compañeros y, coincide, que viene también "el de las bolsas", así llama un compañero a un vagabundo que comparte horario de desayuno. Un día pregunté por él, dado que hacía tiempo que no lo veía y resulta que había encontrado trabajo y ya no podía ir en ese horario.

Otro caso, me ocurrió en febrero de 2015. España saliendo de la crisis. La tasa de paro, aunque comenzaba a bajar estaba por encima del 22 %.

No voy a hacer valoraciones de lo que me ocurrió aquel día, que cada uno saque las suyas.

Cogí un servicio en la parada de Andrés Vicente, una señora de higiene descuidada, con carro de la compra vacío, me pidió llevarla a Vía Universitas 16, un mercado. Cruzando por el Parque Delicias hay menos de cinco minutos andando. La carrera subió a 5,19 €.

No era un mercado: era el banco de alimentos.

*Alta suciedad es un término creado por Andrés Calamaro para retratar, entre otras, supongo que estas conductas.

ESCATOLOGÍAS

Escatología es una palabra que no suena mucho a lo que define. Lo hace mejor guarrada o repugnancia. Creo que lo definimos así para no recrearnos. Como para tapar el contenido de lo que vamos a hablar, envolverlo en una palabra más bonita que nos distraiga del significado. Pero la vida es un continuo de estas cotidianas actuaciones y todos las afrontamos con naturalidad. El caso es que no hay taxista que se precie que no haya tenido que lidiar con estas situaciones. En más de una ocasión hemos tenido que dejar de trabajar para limpiar los restos de alguna vomitina, bien porque les ha sobrevenido de forma repentina y no les ha dado tiempo de avisar o porque el estado de embriaguez les aboque a esas circunstancias. Resulta especialmente desagradable cuando, incluso llevando doble guante medio rollo de papel de cocina, todavía notas que el vómito está caliente. Durante la pandemia todos descubrimos las mascarillas, pero antes nadie tenía, y los aromas que sentías cuando realizabas la limpieza tampoco resultaban agradables.

Otro día me tocó recoger a un perro que acababa de fallecer dando un paseo con su dueño, lo llevé al veterinario para hacerle la autopista y esclarecer las causas de su muerte por si había sido envenenado. En el trayecto se le relajó el esfínter y dejó todo lo que llevaba dentro. Por suerte iba en el maletero y llevo bandeja de plástico y la limpieza con manguera resultó sencilla.

Pero sin duda, el peor olor que he olido en mi vida, fue con un gato que defecó en el trasportín en el que lo llevaba su dueña. No vi nada ni dejó rastro, pero del olor todavía me acuerdo.

HIJO DE PUTA

Me gustaría saber quién eres para decírtelo a la cara.

El otro día me paró una señora en el Paseo Teruel, iba con un carro de la compra y su hija invidente, bajé a meter el carro al maletero, pero no hacía falta ya que solamente montaba la hija, la invidente. A Echegaray a la ONCE me dijo. A mitad de camino me doy cuenta de que no había encendido el taxímetro, se lo comento a la clienta y lo pongo en marcha. Supongo que se me pasaría bajar a meter el carro.

Al llegar a destino me marcaba 3 euros; -se cobre 4.5 que es lo que me suelen cobrar todos días-, me dijo la cliente. No se preocupe, ha sido culpa mía, no pasa nada, contesté. Seguimos hablando mientras rellenaba el recibo y me dijo que, por ese recorrido, en agosto, que no hay circulación a esas horas, un compañero le había cobrado 8.90. Hay que tener cojones para aprovecharse de un invidente para robarle 4 euros, por culpa de cuatro como este ponen mal nombre y dejan en mal lugar a todo el sector. Ya tenemos bastantes problemas como para que nosotros nos peguemos tiros en los pies. Es responsabilidad de todos, clientes y compañeros, denunciar y perseguir este tipo de actuaciones que nos dejan en mal lugar a todos, por culpa de unos indeseables.

UNA MAÑANA CUALQUIERA

Una mañana cualquiera, creo que era por el mes de abril, de temprano estaba en la parada del Bingo Ciclista y me coge una mujer de unos 50 años para ir al barrio de la Romareda. Después de hablar del tiempo, de que estaba la mañana fresca pero que después se quedaría buen día, vamos, la típica conversación recurrente que te vale para el ascensor o para saludar al taxista, le pregunte por qué calle prefería que la llevara. Miro por el retrovisor interior y no veo nada, ¡No puede ser, si acabo de coger a una señora y estaba hablando con ella!

Me giro y estaba totalmente tumbada, como desmallada. Me empezaron a temblar las piernas y a entrar ese sudor frio de cuando tienes miedo, se me pasaba por la cabeza que el de la guadaña había pasado por mi coche. Como pude puse los cuatro intermitentes y pare a un lado antes de llegar a la Avenida Goya. Salí del coche para ver cómo se encontraba realmente. Tenía los ojos cerrados. El esófago y el esfínter se le habían relajado y había dejado un pequeño reguero. Había adelantado a una ambulancia en la Puerta del Carmen y justo cuando pasaban los paré. Tuve la suerte que iban vacíos y pudieron parar. La verdad que la gente que se dedica a la sanidad vale su peso en oro, desde aquí mi admiración. Les expliqué el caso y enseguida entraron para verla. Cuando les pregunte qué le pasaba me dijeron –¿Te suena lo que es un ictus?

A día de hoy no sé qué sería de la mujer porque ya con el susto no me dio por ir a acompañarlos. Mi gratitud a los de la ambulancia y mis mejores deseos a la Señora y a todo el mundo que atraviesa por esta situación.

CORTITAS Y AL PIE

EMPACADORA

La gente del ámbito rural, cuando se desplaza a la capital, suele aparcar por las afueras y de ahí moverse en taxi. Una mañana de sábado, pasaba a la altura del pabellón Príncipe Felipe y me paran dos matrimonios de pueblo, pueblo, que iban de boda. *AIBA AIBA AIBA¡¡¡¡ COMO PA'UNA BODA MECAGÜEN..., llévenos a la iglesia de San Lamberto por favor.*

A mitad de camino, parados en un semáforo, cruza delante de nosotros una limusina: *"¡¡¡AIBA AIBA AIBA¡¡¡ ME CAGÜEN LAOS ...SI PARECE UNA EMPACADORAAA!!!"*

OTERO MADERA

Un compañero, todo desorientado, pregunta por la emisora donde está la calle Otero Madera. El jefe de servicio no tiene ni idea de donde esta esa calle y pide la colaboración del resto de compañeros. Todos ahí buscándola en el GPS y ninguno la encuentra. –el chino este me dice Otero Madera- afirmaba preocupado el compañero que estaba haciendo el servicio cuando le sugiere el jefe de servicio: a ver, ¿no irá al Hotel Romareda?

BARBERIAS

Bajaba un día por la Gran Via un día de entresemana a eso de las dos y veo que del coche de detrás se baja un señor, se acerca a mi coche y pega en la ventanilla del copiloto, ¡toc, toc!

- Hola buenos días, ¿me podría decir si hay por aquí cerca una barbería que me quiero afeitar?
- Si claro, conteste
- Espera que le digo a mi mujer que va en el coche de atrás que nos siga que me monto con usted.

Como no lo tenía muy claro lo pregunte por la emisora (ese aparato que nos saca de tantos apuros a los taxistas). Para hablar por la emisora nosotros hablamos con códigos, así, cada taxista es un terminal y cada terminal es un código, la central es otro y las consultas más frecuentes también tienen código.

- 230 a 03 (el 230 es mi código y el 03 el jefe de servicio) le preguntaba al jefe de servicio.
- Le recibo 230.

- ¿Me podría decir por aquí por el centro si hay alguna barbería abierta a estas horas?
- ¿Una barbería? La de Domingo Ram la tiene abierta 24 horas, si no igual en Francisco Vitoria con San Vicente Mártir, aunque a estas horas no lo sé y si no ya la sala Euro.

Y es que otro de los códigos que utilizamos en la radio es llamar a los clubs de alterne peluquerías o barberías.

MOMENTOS MAGICOS

No los conocía.

Me había enterado el día de antes que iban a llenar el príncipe Felipe en un concierto. Los recogí en un hotel para llevarlos al AVE, en la estación Delicias.

En la radio sonaba la canción "*Sing*" de Travis y el cantante de Izal la estaba cantando, en directo, en mi taxi, en un concierto privado. Esas cosas mágicas que pueden pasar dentro de un taxi.

Que bien canta.

DE LA RISA A LA TRAGEDIA

Juan Luis guerra relata en su canción "Visa para un sueño" la tragedia de la inmigración en Sudamérica.

Lo hace con un ritmo alegre y divertido que te levanta el ánimo, cuando el verso de la letra relata un drama.

De lo peor que le puede pasar a un taxista es irte lejos de la ciudad y no recoger. Eso es lo que me pasó a mí la noche, en plenas fiestas del pilar, que fui a Leciñena a recoger a un putero y se quedó dormido y no recogí, y así lo cuento en la canción que escribí para el grupo Risa de la cadena Cope y que cantaron en el programa del día 20 de octubre de 2019.

Porque siempre hay que mirar el lado bueno de las cosas y ver las cosas con alegría cuando vienen curvas.

LOS MEJORES CLIENTES

Siempre digo que nuestros mejores clientes son los ancianos. No sé si llamarlos así les resulta despectivo y tendría que referirme a ellos como gente de la tercera edad, de la cuarta o personas con mucha experiencia. El caso es que siempre se aprende de ellos, y en algún caso, dan lecciones de vida para hacernos reflexionar.

El caso es que una tarde recogí a un cliente para llevarlo a hacer el tratamiento de diálisis. Un señor de unos 80 años que me comentó que se había cambiado el turno porque por las mañanas tenías muchas cosas que hacer, la compra, la comida...y ¡aprender inglés! y es que uno "nunca sabe cuándo lo va a tener que utilizar", comentaba.

A los pocos días me alquilé con otro señor para llevarlo a un centro de salud, "llevo una semana sin poder salir a la calle de lo que me duelen las piernas" me contaba mientras me vino a la cabeza el caso del señor anterior. Se lo conté, tratando de animarlo y él me dijo que tenía 82 años y era el secretario general de una ONG en Aragón y que por eso sentía no poder andar, por no poder ir a ayudar a otras personas.

Todos mis respetos a nuestros mejores clientes.

AQUELLOS DIAS

Vamos cogiendo perspectiva y aunque me resistía, creo que es hora de dejar constancia de cuando aquellos días, sobre todo, desde el punto de vista del sector del taxi.

Alguna vez he comentado la suerte que tenemos en Zaragoza de la unión que tenemos en nuestro sector. Eso es clave a la hora de adaptarse a circunstancias tan difíciles como las que nos vinieron en marzo 20 con la pandemia de coronavirus. Lo digo, más por la comparativa con otras ciudades, que por la eficacia que podamos demostrar aquí, aunque, para ser justos, a todo el mundo se le quedo grande la situación. Desde las escalas más altas (gobierno nacional, autonómico…) a las más bajas (cualquier ciudadano de a pie). Desde un primer momento se modificó el calendario laboral, adaptándolo a las circunstancias y permitiéndonos optimizar los días trabajados. Éramos muy pocos los que trabajamos, algunos compañeros, sobre todo los más mayores optaron por quedarse en casa. También se decidió cobrar a todo el mundo el 50%, una decisión tan polémica como generosa, ya que tenemos clientes con facturación anual (Alcer Renfe…) a los que era imposible realizar ese descuento, tan valiente como populista, nunca nos habíamos visto en una de esas, era una manera de arrimar el hombro, renunciar a ingresos en beneficio del bien común. Creo que tuvo mucho de operación "*marketingniana*" aunque no se vendió bien ante la opinión pública. En esos momentos se desconocía todo, especialmente cuanto tiempo iba a durar el confinamiento total en el que nos encontrábamos desde el 15 de marzo. Muchas empresas se ofrecieron para ayudar en lo que podían, los textiles haciendo mascarillas, desinfecciones gratuitas, cada uno aportaba lo que podía y, en ese sentido, el taxi también quería aportar, pero a la hora de la verdad, los clientes desconocían que cobrábamos el 50% y a muchos directamente era imposible aplicarlo. En estas situaciones, también sale lo peor de cada uno. Hubo varios compañeros que no aplicaban el descuento y cobraban miserablemente el 100%. Esta medida era absolutamente insostenible para los taxistas y duró un mes. También, sacando el lado bueno, se hacían portes de forma gratuita todos los días de mascarillas caseras que hacían particulares o empresas, y nació la conocida como "caravana verde", que todos días recorría algún barrio partiendo desde alguna residencia de ancianos con el fin de animar y distraer.

Fueron tres meses de un confinamiento total en el que los taxistas teníamos el privilegio de salir a la calle a trabajar. Es indescriptible recorrer avenidas y no ver absolutamente a nadie, bares, tiendas…todo cerrado, pero los taxistas ahí estábamos paseando la matrícula de Servicio Público. Hubo medidas difícilmente entendibles. Hice una carrera con una señora, siguiendo el coche de su marido, venían de cuidar al nieto y no podían ir juntos en el coche particular. O el día que fuimos 4 taxis a Cetina a llevar a 4 personas a un funeral. La dejé de regreso por Puente Virrey y de vuelta a casa, al coger Tenor Fleta salió todo el mundo a los balcones a aplaudirme, sé que eran para mí porque iba yo solo por la calle. Seguían por la Avenida Goya y al girar a la Avenida Valencia también. Obviamente no eran para mí, aunque me recreaba devolviendo con pitidos y saludos los aplausos. El vacío en las calles escondía la saturación en las ucis y los aplausos agradecían la labor de los sanitarios.

Más allá del color político, a todo el mudo le superaba la situación, se iba improvisando a medida que se conocían más detalles. La situación, globalmente era semejante, aunque aquí, quizás se tardó más en reaccionar, aparte de que faltaban mascarillas, equipos de protección para los sanitarios, etc. También tengo que decir que hubo ayudas para el sector. Creo que otros sectores tan afectados como nosotros no fueron ayudados de la misma manera. Quiero dejar constancia porque me parece de justicia decirlo. El ayuntamiento también ayudo a su forma. Entre otras cosas, hacíamos servicios de emisora a personas mayores de 65 por 1euro, el ayuntamiento ponía 3.80 euros y nosotros el resto. Se incentivaba a que los mayores, la población de mayor riesgo, no usara el transporte colectivo y evitara riesgo. Aunque algunos días era imposible cumplir las normas, solamente estaba permitido un cliente por taxi, imposible cuando llevas dos nonagenarios al hospital, creo que esos días hicimos un servicio público con mayúsculas, no era fácil estar, pero, como siempre, ahí estuvimos.

NUEVAS DROGAS

No he probado las drogas, más allá de meter el pie en la piscina para probar la temperatura del agua y con la punta del dedo comprobar que el agua está fría. Pero como cualquiera, conoce los efectos que producen las drogas más comunes en el comportamiento de las personas que las consumen.

En el mundo del taxi estamos acostumbrados a lidiar con borrachos, todos los fines de semana. El alcohol ha causado verdaderos estragos en las tapicerías de los taxis en todo el mundo. Lo que pasa que, aunque a un beodo lo veas venir y lo puedas esquivar, siempre está el amigo que te para y te lo mete por la otra puerta y ya solo te queda tocar madera.

Sé reconocer los efectos que producen otras drogas, por ejemplo, en mandíbulas, pupilas, risas etc.

El caso es que se me empieza a pasar los efectos que producen alguna de las nuevas drogas.

El otro día cogí a tres chavales de unos 20 años en la calle Corona de Aragón. El chico de puso delante y las dos chicas detrás. Me pidieron dos paradas, una antes de Santa Isabel y otra en Alfajarín. Las dos chicas vestían de forma muy explosiva, pero el tío no les hacía ni caso, parecía que ellas no habían tomado nada y se lo habían dejado todo a él. El caso es que el tío me dio el viaje. No paraba de decir cosas sin sentido, sin gracia y sin ninguna coherencia ni guion - ¿qué te han echado en la bebida? Le pregunté, pero ni me escuchó. Las tías pasaban de él por completo. A la altura de *Cobasa* hice la primera parada, se bajaba una de las chicas y el tío, que iba a continuar se bajó a estirar las piernas y tomar el aire, según él.

En estas que el chaval empieza a correr a buena velocidad. Me pongo a su par y el tío seguía corriendo. Yo le gritaba a dos metros, pero nada, como si hablara a la pared. La tía pasaba de él y me insistía en que fuéramos a Alfajarín. Lo dejamos corriendo. Ya de vuelta me fijé a ver si lo veía.

Lo encontré andando en dirección contraria a 200 metros de donde se había bajado. De nuevo mis gritos caían en saco roto. Se me quedó la duda de cómo encontraría el camino a casa, cómo reconduciría su vida y que tipo de droga había tomado esa noche.

YO LA CONOCI EN UN TAXI

Yo la conocí en un taxi es una canción *random*, y mala, que sonó por el año 2015 y que mis amigos utilizaron para ambientar la escena cuando me entregaban su regalo en mi boda y que perfectamente podría servir de banda sonora de esta historia. El, DJ de una de las discotecas de moda de la ciudad no conocerá la canción.

Pero os pongo en situación. Nochevieja de 2023, salgo a las 3 AM a trabajar. A mis 41 años no me resultaba del todo un mal plan en una noche como esa, y en el primer servicio que me pasan tengo que recoger en vía Ibérica 33.

Unos metros antes me paran unas chicas. Las recojo pensando que eran mis clientas, pero un poco más adelante, en el 33, otras 5 chicas reclamando el servicio. Paro y explico la confusión, mientras ellas se ponen a negociar. Como habían pedido, dos taxis podían entrar dos chicas y compartir gastos, ya que esa noche es difícil coger taxi. Tenía que dar un poco de vuelta porque unas iban al centro y las que habían contratado mi servicio iban al parque de atracciones.

Ella no lo sabía, pero esa decisión le podría cambiar la vida. Al dejar a las segundas en el parque de atracciones se repite la situación, el DJ esperando taxi para ir al centro y las primeras, de nuevo, dispuestas a compartir gastos.

A la vez que el DJ, debió de entrar Cupido tirando flechas o tocando el arpa. Se palpaba la química entre los dos pipiolos. Enseguida intercambiaron Instagram - se ve que ahora ligan así.

La conversación fluía y eso que ni se habían mirado a los ojos. Ella, estudiante de 4º de medicina; él, deportista, estudiante y pluriempleado. Estaban en su *prime*. Empezando a escribir las páginas más bonitas del libro de la vida. La amiga sostenía la vela y yo con mi planazo de empezar a trabajar en Nochevieja a las tres de la mañana pensando que la vida es eso que transcurre entre que tienes un planazo para Nochevieja y otra que sales a trabajar a las 3 de la mañana.

NAVEGOS

¿ECONOMIA COLABORATIVA?

Si buscas en internet el término tan en boga de "económica colaborativa", entre las primeras entradas hay varias que tienen relación con Uber. Wikipedia define economía colaborativa como una interacción entre dos o más sujetos para satisfacer una necesidad real o potencial. Uber es una empresa, por tanto, tiene ánimo de lucro, participada entre otros por Google o Goldman Sachs, que lo único que buscan es repartirse dividendos, lo cual, no tiene nada que ver con la tan manida economía colaborativa.

Estos días, ha habido movilizaciones en el sector por este tema (y más que habrá), aprovecho para analizarlo por encima desde mi punto de vista:

- "Son todos los coches nuevos" Me decía el otro día uno en el pueblo. Claro, son empresas que acaban de empezar. En unos años dejarán de serlo. Además, el mantenimiento que cualquier coche lleva no es el mismo cuando es propio a cuando es de la empresa. Conocí el caso de los conductores de la Ambulancia Azul que en pleno conflicto con la empresa la saboteaban echando arena al motor. Lo mismo que la higiene o la seguridad. Nosotros todos años pasamos la ITV, y si tiene más de tres años dos veces. Pasamos revisión en Policía Local donde no podemos tener ni un arañazo, pasamos una desinfección del vehículo…estos otros.

- Desde el punto de vista de la administración, supone dejar de percibir todo el montón de impuestos que pagamos individualmente cada taxista, faltaría más, por una empresa que tiene su sede en un paraíso fiscal y cuyos "trabajadores" no cotizan. Por otra parte, el ceo de Cabify, argumentaba que iban a crear un montón de empleos, lo que oculta es que van a desaparecer los mismos que cree, haciendo que las condiciones de los puestos que crea sean mucho peor que las condiciones de los puestos que existen. Además, en Zaragoza nos hemos reducido dos jornadas de trabajo mensuales para repartir la faena, no caben más taxis.
- Desde el punto de vista de los trabajadores y según los porcentajes que ofrece Uber, calculando que trabajan 12 horas al día, 6

días a la semana, se les queda un sueldo aproximado a 600 €. En otros países puede ser que tengan otras condiciones, otras leyes y a lo mejor, menos servicio público de autobuses, por ejemplo, pero desde luego, aquí en España, sólo entendería que alguien estuviera interesado en sacarse un sobresueldo, pero trabajar exclusivamente para ellos es una estafa.

- Desde el punto de vista del cliente el panorama tampoco es mejor. Es cierto que sabes el precio antes de hacer la carrera y suele ser inferior, suele porque el día de la huelga de taxis cobraron 105 euros por ir desde Madrid al aeropuerto. El historial de los conductores tampoco invita a nada bueno, accidentes por alcohol y drogas, violaciones, etc. Otra cosa que me entere hace poco, si llevas prisa y llamas a Uber y en ese momento aparece un taxi y lo coges, aunque no realice el servicio, Uber te lo cobra.

No soy yo el que niegue que van a cambiar las cosas, pero desde luego este tipo de empresas no mejoran en nada el servicio actual del taxi, si bien, ya sabemos y desde aquí ya lo he criticado, que es mejorable y en algunos casos muy casposo.

Ojalá esto nos sirva para unir al sector en toda España, o quién sabe si con más países de Europa o del mundo, para crear una aplicación realmente buena tanto para el cliente como para el taxista (me consta que por ahí van los tiros) y empiece a cortar el paso a esta gente que demasiado vuelo está teniendo.

HIDRÓGENO

El amigo de un primo de un conocido me comentó que llevaba instalado un generador de hidrógeno (H) en el coche, que estaba muy contento porque estaba ahorrando combustible y el motor le iba mejor. Yo, que siempre entro al trapo, me lancé.

Empecé a hacer números y a contactar con Hidrocar a través de su página web. De la noche a la mañana ya era el delegado comercial de Hidrocar Ecológico en Zaragoza, mi nombre figuraba en la página web y empezaban a contactar conmigo los clientes para hacer las primeras ventas.

La verdad es que la web que tenían era fantástica, todo súper detallado y muy bien explicado, escondía muy bien lo que detrás había o, mejor dicho, dejaba de haber.

El generador que me interesaba costaba 495 euros, para hacerse delegado el único requisito que me pusieron era comprar 5 a mitad de precio y encargarme de las ventas en la zona norte de España. Antes de tener el primer contacto físico con ellos ya había vendido dos, así que yo veía un negocio redondo.

El generador consistía en un depósito, los tenían de varios tamaños, que contenía unos electrodos. Se llenaba de agua diluida con potasa, lo cual, mediante una reacción llamada electrolisis, generaba gas hidrógeno. Este gas se pasaba directamente mediante un tubo a la admisión del motor que llenaba los pistones y entraba en la combustión.

Acababa de haber una explosión en el hospital donde se alojaba el Rey Juan Carlos I, manifestaciones de la marea verde y un país en plena crisis económica. De esa guisa me presento yo en Madrid el 6 de marzo de 2013 para comprar los generadores y que me lo instalen en un taller de su confianza. Una hora más tarde de la que habíamos quedado, se presenta en el taller responsable de Hidrocar, en adelante CM, nada que ver con lo que me había imaginado por teléfono. Inseguro, tembloroso, por momentos con arcadas, no me inspiraba nada bueno, pero tenía dinero fácil y ya que había ido hasta allí no me iba a ir de vacío. Tuve que comprar los 5 generadores, los que ya había vendido no contaban, pagar en efectivo y sin factura. –Estamos haciendo todo lo posible para regularizar nuestra situación y en cuanto podamos empezaremos a trabajar con IVA y todo regularizado, pero de momento tenemos que trabajar así -, con el tiempo me di cuenta que con esa frase empiezan todos los timos.

Ese viaje me dejó muchas más sombras que luces. Probé su coche, un Kia Picanto, con el generador apagado y después en marcha y, aunque el dijera que sí, yo no notaba mayor diferencia. Conocí al fabricante de los generadores, el típico científico loco con cara de buena persona. De vez en cuando entraba al taller a ver cómo iba la instalación, aunque CM no me dejaba, de hecho, no conocía a los del taller y yo estaba haciendo de cobaya para futuras instalaciones. A la hora de pagar no estaba el encargado, así que nos fuimos yo con la factura a mi nombre de 120 euros y CM con el compromiso de pago.

Ya de vuelta, en Zaragoza, conocí a unos ingenieros jubilados que estaban interesados en las energías alternativas y también en la distribución de Hidrocar. Los tíos se fabricaban sus propios helicópteros. Para mi supuso un gran respaldo. Mejoramos la deficiente instalación que me habían hecho en Madrid y le dimos muchas vueltas a como llevar el negocio. Uno de ellos tenía un contacto en la ITV, pero nos cerró las puertas a la primera ya que necesitábamos el certificado del fabricante.

De los cuatro que me quedaban, uno, el de 6 litros, lo vendí a un friki de Cervera para instalarlo en un Seat Panda. Otro se lo instalé a mi hermana en un Peugeot 306. Un amigo mecánico de total confianza se encargó de la instalación. Pensaba hacerle parte del negocio, que el gestionara la parte mecánica y yo la administrativa. Una llamada de mi padre me puso en alerta, el generador de mi hermana había explotado, el coche estaba ardiendo. Por suerte era una exageración, se había producido un recalentamiento del relé y estaba empezando a echar humo.

Piezas defectuosas, cables en mal estado, falta de profesionalidad, de calidad, de respuesta, de servicio, de garantías, de atención, en definitiva, un timo. De inmediato contacte con CM para que me diera de baja como delegado y quitara mi nombre de la página, además de exigirle la devolución de los dos que me quedaban. Nunca más supe nada de él.

Posteriormente vi que daban pasos, conseguían registrar el producto, pero veía como aparecían y desaparecían uno tras otros los delegados en la sección de contactos Hidrocar. En mi opinión, son unos estafadores que venden a 495 euros un producto que cuesta 30. Se dirigen a un público del rollo naturista vendiendo ecología cuando solamente buscan dinero fácil. El generador, bien desarrollado y bien instalado, apenas consigue ahorros de combustible, únicamente se ahorra porque se hace una conducción más eficiente para aprovechar el H y de ahí se ahorra, no por causa efecto del H. Ahora bien, la tarea de eliminación de gases nocivos y de limpieza de motor que realiza el H es notable. Seguramente, en el futuro se comercialicen coches impulsados únicamente por hidrógeno, pero habrá que pagarlo en lugar de generarlo por métodos caseros y que no generen beneficios a nadie.

Aunque no me lo permitía mi conciencia, tenía que saldar el balance en mi contabilidad. Dos ventas, una a León por 300 euros y otra a El Pedernoso (Cuenca) por 150 hicieron que pasara página.

LA FIEBRE DE LAS APP

Un viaje a Londres me abrió los ojos para adaptar las apps al sector del taxi en Zaragoza. Ahí había un montón de taxis que funcionaban con la app de Hailo así que decidí investigar por Internet a ver en qué consistía.

La verdad que me sorprendió bastante la facilidad de uso de la aplicación y la sencillez para el taxista así que me puse en contacto con ellos para ver si podíamos preparar una cita. Tras cambiar varios emails, el día 2 de octubre de 2013 (todavía guardo los mails) quedamos a conocernos en una terraza cerca de la estación.

La persona de contacto era un inglés que estaba afincado en Huesca.

Era el responsable de extender Hailo por todo el mundo. Entonces estaban Hong Kong, Tokio, Londres Madrid. y Zaragoza estaba en sus planes de expansión.

Me explicó que la app había nacido en un pub londinense, fruto de una conversación entre un taxista, (su hermano) y un programador informático. Creo que la clave de su éxito era esa:

estaba diseñada por taxistas sabiendo cuáles eran las exigencias y las necesidades de las taxistas adaptadas en una app por un informático.

Entre las ventajas que incluía era el reembolso en caso de no recoger un servicio. No hay cosa que nos irrite más que no recoger un servicio de emisora.

También tenía una opción que te podía mandar "el último servicio a casa". La app sabia donde vivías e incluía la opción de asignarte un servicio para desalquilarte cerca de tu casa cuando vas a terminar la jornada.

Se "retrovaloraba" ella sola, es decir, los clientes valoraban a el taxista y los taxistas al cliente, de tal forma que si un taxista o un cliente acumulaba varios suspensos se le llamaba la atención y llegado el caso se le podía expulsar.

La aplicación era gratuita para el cliente y para el taxista, éste pagaba una comisión de los servicios que hacía de Hailo, que lo debía de comunicar en buena fe al terminar el servicio.

De explicar y gestionar todos estos temas nos íbamos a encargar mi socio y yo, bueno, el cómo habla inglés lo pondría más como interlocutor con la central para yo estar más pendiente de las tareas locales…esa era por lo menos mi idea, pero había que seguir negociando.

Era perfecto porque entonces no había ninguna en Zaragoza, se vendería sola.

Quedamos un día a comer y para entonces ya le habíamos preparado toda la información que nos había pedido, numero de servicios al día, importe medio, titularidad de las licencias, tipos de cliente, tipos de competencia, número de emisoras, tipos de organizaciones. La verdad que poca información nos guardamos, aunque sospechábamos que no era con nosotros precisamente con quien quería hablar. Esta gente apuntaba más alto.

Adujo problemas técnicos para aplazar la siguiente cita y desde entonces, han pasado ya 3 años y no hemos sabido nada de ellos.

A día de hoy, 30 de septiembre de 2016 cuando escribo estas líneas, funcionan tres apps para pedir taxis en Zaragoza y han estado en prueba otras dos. Entre todas ellas juntas no se acercan a Hailo.

Posteriormente nos enteramos que Hailo había sido adquirida por UBER.

Actualizado a 2024: el Ayuntamiento, de la mano de la Asociación Provincial del Taxi se ha gastado un dineral en sacar la app MOZA y la verdad que deja bastante que desear tanto para el taxista como para el cliente.

Existe otra, *1taxi*, de la radio taxi 75 que funciona bastante mejor pero que por algún motivo que se me escapa no funcionado ni la han impulsado o promocionado como merecería.

NACE PUBLITAXI

Taxi driver es un peliculón de Robert De Niro, dirigida por Martin Scorsese. Refleja muy bien el rollo que llevamos los taxistas cuando nos juntamos unos cuantos en una parada o paramos a tomar café. Contamos batallitas, nos ponemos al día, en fin, como los corrillos que puede haber en cualquier trabajo en los típicos mentideros. Todos los fines de semana nos juntamos con unos compañeros en un bar que hay junto a una parada de taxis. Un día, un compañero, Javi, me dijo que llevaba tiempo detrás de un negocio, pero que no terminaba de arrancar. Yo le hice oídos y la idea me encanto.

Resulta que llevaba tres años de papeleo y líos de burocracia para legalizar con la policía, el ayuntamiento y las demás instituciones la instalación de una pantalla en la parte posterior del cabecero del copiloto. Al carro también se subieron Jose Manuel, uno de los que viene a desayunar, y Andrés, un amigo de Javi. Había nacido PublitaxiZgz.

Viajando uno se da cuenta que en otros países se explota mucho más la publicidad. Por suerte, aquí las empresas, ya se van dando cuenta que existe una relación directa entre la inversión en publicidad y la cuenta de beneficios. A más inviertes en publicidad, más ingresos obtienes. El secreto está en saber canalizar esa inversión, para que llegue al consumidor final por el medio adecuado.

Enseguida nos pusimos a trabajar. Encontramos un cabecero en Madrid que cumple toda normativa y nos funciona de maravilla. Javi, que tiene un don de gentes espectacular, empezó a conseguir los primeros clientes. Los primeros fueron el Instituto Aragonés de osteopatía y Osiria fotografía. Yo, con la ayuda de mi hermana, me puse con el tema de las redes sociales (Facebook…) y así, cada uno se encargaba de una parcela.

A día de hoy, estamos hablando con varias agencias de publicidad para que puedan ofrecer nuestro espacio a sus clientes y la verdad que se han mostrado muy receptivas y ven muchas posibilidades. Ya tenemos apalabrados varios bares que se van a anunciar en breve y un par de clínicas están muy interesadas.

Javi, alma mater del proyecto, se fue de nuevo a la construcción, sector del que había venido y el proyecto de Publitaxi murió a los pocos días de nacer. La idea me parecía buenísima, pero nos quitaba mucho tiempo y no lo podíamos compatibilizar, así que decidimos aplicar aquello de "zapatero a tus zapatos".

PROFESIONA-LIDAD

CARRERAS

Nuestro oficio consiste en llevar a gente de un sitio a otro, lo que llamamos hacer carreras, aunque éstas no siempre sean de lo más convencionales.

Una Semana Santa que bajé a Andalucía con mi mujer, fuimos el domingo de ramos a ver la procesión a Cabra. No conocía el pueblo y fui dando vueltas para aparcar hasta que vi una parada de taxis vacía, no lo sabía, pero las procesiones salían a 20 metros, era el centro del pueblo.

A la vuelta, después de ver todas procesiones y de tomar el vermú, nos estaban esperando tres personas en la puerta del taxi. Eran tres internos de un centro de salud mental, mientras les explicaba que yo era de fuera y que no les podía llevar a ningún sitio ya los tenía dentro del coche, resulta de lo más entrañable esta gente, son todo bondad, no me podía negar a llevarles pero no me sabia la zona, así que les pregunté si conocían la ruta y accedí a llevarlos. Por suerte coincidía con mi camino de vuelta. Por supuesto que no les cobré.

Otro día, quedé con José Luis, un amigo del pueblo. Lo recogí por Vía Hispanidad y bajábamos a la avenida de Valencia de tapas. Al pasar por la puerta del Clínico veo que la parada está vacía y hay un cliente esperando y le digo a mi amigo: di que eres mi primo y vas aprendiendo que así lo cojo.

Como la tarde entera que estuve trabajando con Félix, un compañero, soltero, cincuentón que era tan grande como buena persona y que le gustaba el bar tanto que hacía más horas ahí que en el taxi. Yo lo conocía del bar, que también me gustaba. Félix alardeaba de ser catedrático del guiñote, cuando en realidad era catedrático de la buena vida. Por la noche cambiaba las espadas por las picas, sin abandonar las copas y se olvidaba de trabajar. Una tarde, tomando un café, él estaba de fiesta y no tenía partida así que le invité a *patrullar* conmigo y así "aprendía" algo. Las risas y el buen humor estaban garantizadas.

Otra tarde que iba liado, había quedado con mi cuñado en Puerto Venecia, que estaba ahí pasando la tarde al cuidado de mi hija Irene, después me tenía que ir a por la mujer para ir a cenar, siempre con prisas. Estando metiendo a mi hija en el coche, en frente de una gran tienda de deportes, se acerca una china a ver si desalquilaba. No, no, le dice mi cuñado, al oírlo, levante la vista le pregunte a donde iba. Me daba tiempo porque era a la estación, la señora, resultó ser la responsable de Xiaomi en España y estaba encantada de coger a tiempo el tren y de ir en la parte de atrás con Irene.

HOJAS DE RECLAMACIONES

Una cosa que la gente no suele saber acerca de los taxis, es que llevamos libro reclamaciones.

El libro de reclamaciones es un documento a disposición del cliente, para poner una queja en caso de no estar conforme, ya sea por el importe, por el recorrido, higiene u otros.

Todos los años lo revisa la policía en la inspección y yo por suerte lo sigo presentando en blanco.

Cuento esto porque es el equivalente a una hoja de reclamaciones en un comercio y el otro día la pedí por primera vez en mi vida.

El caso es que me corrían prisa unas tarjetas de visita y fui a encargarlas a *Ofiarea* de Puerto Venecia.

La manera que menos tardaría en tenerlas era imprimirlas ahí en una cartulina especial y cortarlas en casa. Así que las pagué, las recogí y me las llevé. Eran de doble cara y al cortarlas

¡¡no coincidía ninguna el anverso con el reverso!!

Fui a reclamar con todas tarjetas y me reconoció que estaban todas mal, pero tras una fuerte discusión no conseguí ni que me las hicieran de nuevo ni que me devolvieran el dinero.

No lo había hecho nunca, pero entiendo que las hojas de reclamaciones se han inventado para casos como este, así que las pedí. Las rellené, las firmé y me quedé las copias, pero ahí no había acabado mi periplo.

En el reverso de la hoja de reclamaciones ponía que había que presentar una copia a la administración en Cesáreo Alierta 9.

Ahí me fui, mi sorpresa es que llevaba 4 años cerrada, pregunté al portero y me dirigió al paseo María Agustín. Fui a Maria Agustín y me dijeron que me las aceptaban, pero que al ser autónomo y entender que las tarjetas eran con un fin laboral, no las iban a cursar y me indicó que me las cursarían en la Cámara de Comercio.

Ahí me presente todo indignado y pensando que mi desgracia no podía ir a más, pero cuando piensas eso, llega la administración y se supera:

- Buenas tardes, venía a presentar una hoja de reclamaciones.

- No mira, tienes que ir a Cesáreo Alierta 9, lo pone aquí detrás mira.
- Si, ya he ido y lleva 4 años cerrado.
- Pues entonces al Paseo María Agustín.
- Acabo de estar y me han dicho que por ser autónomo me lo cursarían aquí.
- Pues lo siento no podemos hacer nada.

La verdad que es desesperante cómo funciona esta ciudad en particular y este país en general a la hora de tramitar cualquier gestión con la administración. Es incomprensible la cantidad de documentos, formularios, ventanillas, tasas, solicitudes y demás papeleo innecesario que se pone la administración como barrera para que nos hartemos y no hagamos nada. Esa es mi teoría porque si fuera otra cosa, no lo entendería.

En cuanto a las tarjetas, las encargué a 360IMPRIMIR y quedaron perfectas.

LA DELGADA LINEA ROJA

El otro día me llamaron de la central de radio taxi porque les acababa de llamar la policía preguntando por mí. Querían saber el destino de un servicio que había cogido pongamos a las 5.30 A.M. en Valdespartera.

Dejaron un teléfono para que yo me pusiera en contacto con ellos y así lo hice.

Una conversación muy corta:

- Es usted el taxista ¿no?
- Si soy yo
- ¿Dónde llevó al servicio que le entró ayer a las 5:30?
- Al Actur.(Pongamos)

Supongo que tendrán otros métodos de búsqueda, pero preguntar directamente al taxista sería el camino más corto si la respuesta les cuadraba y la podían contrastar con lo que tuvieran.

En esta profesión, a menudo, somos “cómplices involuntarios” de delitos. Igual no está así bien expresado en términos de Derecho, pero lo que sí que sé, es que los malos nos utilizan para cometer sus fechorías y nosotros no tenemos ningún margen de actuación. Este cliente en concreto, no me ofreció ningún tipo de sospecha de que estuviera realizando ningún tipo de acto delictivo, sino más bien al contrario. Discreto, educado, pagar y adiós.

Nosotros, por nuestra experiencia, podemos intuir cuándo llevamos a un traficante de drogas, o cuando nuestro acompañante nos está utilizando más allá de un mero servicio de transporte. Los delincuentes saben de nuestra profesionalidad, compromiso con el cliente y con el servicio, y nos utilizan.

Caso aparte es también, cuando “ayudamos” a escapar a cacos que acaban de atracar un banco o cuando llevamos a terroristas en Bélgica al aeropuerto a cometer los famosos atentados. Me resisto a pensar que puedo ser yo el siguiente que lleve a algún desalmado de estos y no tenga en mi mano poder hacer algo.

Y es que muchas veces, tenemos la sensación que cuando uno se sube al taxi desaparece esa delgada línea roja.

TAXISTA DE PUEBLO

Ahora está de moda tener pueblo. Todo el mundo tiene uno y el que no tiene, se apega a uno. Cuando yo llegué a la capital, a mediados del año 2000 esto no era así. Era casi como Paco Martínez Soria bajándose del 600. Teníamos que aguantar las típicas bromas de si teníamos gallinas por las calles y todo eso, pero se llevaba bien.

Los pueblos se desangraban poblacionalmente, pero a nadie parecía importarle. La despoblación había empezado ya en los años 60. Ahora casi no quedan ni los que llevan las tierras, pero las administraciones se llenan la boca diciendo que invierten mucho dinero para resucitar el medio rural. Como al agente Camarena en Narcos México, le inyectan morfina, conscientes de que está clínicamente muerto, para mantenerlo con vida. Mi madre cerró la tienda en 2.002. Cuando bajó la persiana, la administración ya no estaba.

Un 8 de enero fui con un cliente a Embid de Ariza. El cliente no había heredado una casa en el pueblo, había heredado un marrón. Tenía miedo de que las tuberías no hubieran aguantado los -15 grados de las Navidades. Tuve tiempo de dar un paseo por ese mierda de pueblo. Yo soy de pueblo pequeño y cualquier pueblo me parece grande. Los que son más pequeños son mierda de pueblos. Esto uno de ciudad no lo puede decir porque nos ofendemos. Como si internamente nos sintiéramos ultrajados, nos resistiéramos a perder la última batalla, la de la rendición. Uno de pueblo lo puede decir porque sabemos que la hemos perdido.

La sensación de caminar por el pueblo era de total abandono. En cualquier punto se oía un riachuelo que cruzaba debajo de un puente. Humedad, frio, en los pueblos entre montañas anochece antes. Una chimenea con humo, dos coches aparcados y un cartel que anunciaba unas obras financiadas por fondos de…de cuando la vieja Europa no había nacido. Este fenómeno sólo ocurre en el territorio que Sergio del Molino identifica como España vacía.

Admiro mucho a la gente que elige la vida en el pueblo buscando un día a día más tranquilo. Siempre son bien recibidos y se les quiere como a uno más. A las administraciones salvapueblos, que lavan su conciencia gastando un dineral en publicidad institucional para decir que se gastan el dinero en morfina, no se molesten en mandar a nadie al entierro del mundo rural, porque no irá ni el difunto. Tampoco son bienvenidos los pijos que van a hacer fotos a las gallinas por la calle y vuelven furiosos porque no las han visto y no tenían wifi en el bar y GPS no les ha llevado por autovía.

En la ciudad, pocas cosas hay que la identifique más y que sea más urbana que los taxis. Sin embargo, el mundo del taxi se nutre muchísimo de gente de pueblo. De mi zona estamos pocos, pero de la zona de Belchite son multitud. Se cuenta que Moneva tenía más taxistas que habitantes quedaban en el pueblo. En Madrid a los taxistas de pueblo los llaman “de provincias”, que es como si fueras de pueblo, y eso que nadie es de Madrid ahí.

Soy muy del paisano que sube y dice – *me cagüen lava*, que esto ha crecido mucho tu- Le digo tranquilo, aquí todos somos de pueblo.

CASPOSOS

Creo que el término casposo lo inventó una persona que se subió en un taxi se éstos.

La imagen que la gente tiene de un taxista no siempre es la mejor, y ojo, nos la hemos ganado a pulso. Y es que, hay una especie, que por suerte está en peligro de extinción que llevan a gala reunir una serie de características y valores de lo más rancio de la España cañí: allá van unos cuantos que todavía existen por aquí:

- Los que tienen el coche de más de 20 años sin aire acondicionado, se ponen las botas de regar el día de fiesta para lavarlo siendo que el coche huele a rancio.
- Los que visten calcetines con chanclas y bermudas con camisa por dentro y riñonera o bien zapatos con chándal.
- Los que están esperando en la parada fumándose una faria (hasta hace poco también fumaban la faria alquilados).
- Los que cuando van alquilados y se acercan a un semáforo en verde levantan el pie para

ver si se pone naranja y entonces clavar los frenos.

- Los que se compran un Prius y siguen empujando el coche en las paradas.
- Los que piensan que salir de la placa es perder dinero.
- Los que se niegan a salir de la parada si la carrera es corta (he visto por lo menos tres casos)
- Los que piensan que pegar con cinta aislante el palillero al salpicadero es "última tecnología" y además sirve para dejar los papeles detrás.
- Los que hacen bajarse al cliente si van a un polígono industrial y no conocen la calle.
- Los que dicen que el billete de 20 es billete gordo y se niegan a cambiarlo.
- Los que votan NO a tener un día de fiesta porque no saben qué hacer en casa.
- Los que se ponen la funda de asiento de bolas de madera porque queda bien. O los que ponen una manta como funda en los de la parte d atrás.
- Los que usan tres membrillos que se han bajado del pueblo como ambientador.
- Los que dejan el coche en la parada y se van a comprar, y cuando vuelven, quieren

mantener la posición. Compañeros: la posición se respeta estando en el coche.

- Los que exigen que se impriman 1700 circulares en folio en lugar de enviar 1700 emails y los que, por suerte para mí, nunca leerán este blog.
- Los que se compran un coche eléctrico de más de 60.000 euros y lo cargan gratis por la noche en centros comerciales.

La lista sería interminable y no quiero seguir dando pistas a Torrente para su próxima película.

Por suerte, la plantilla se va rejuveneciendo y venimos los jóvenes con otros defectos: el listón está demasiado alto para superarlo.

LOS CLIENTES DEL TAXI

En el anterior capítulo, califiqué a los compañeros más rancios por sus comportamientos y costumbres cañís que saltan a la vista y merecen una denuncia.

Hoy quiero calificar a los clientes, no como rancios, ni mucho menos, pero si como "*tocapelotas*", igual es que nosotros, o yo en primera persona, tenemos la piel muy fina, pero los hay de muchos tipos.

Paso a describir algunos de ellos.

- Los que te cuentan su vida y van cascando todo el trayecto y no te apetece nada escucharlos porque vas escuchando un programa interesante en la radio y les tienes que hacer caso.
- Los que te dicen que les vas dando un rodeo, este es muy típico.
- Los que te van guiando todo el camino porque se piensan que no sabes ir. Ahora derecha, ahora izquierda…

- Los que van con maletas y las quieren meter en los asientos.
- Estos son paisanos míos, de la España vacía. Los que van uno solo y se montan en el asiento de delante, ahí de copiloto.
- Los que se montan y no saben dónde van, o no les sale la calle, y no puedes avanzar por que podrías saltarte un cruce que darías más vuelta y te tiene esperando
- Los del cinturón, todo el camino tiki tiki y cuando llegamos a destino todavía no se lo ha puesto.
- Los que te piden que les lleves a una calle peatonal que no has oído en tu vida, te estrujas los sesos para saber dónde está y cuando te acercas por la avenida te piden que les dejes ahí.
- Los que tienen que coger el tren "a y media" y piden el taxi "a y cuarto" pensando que volamos y se pasan el camino soplando y quejándose de los semáforos.
- Uno de nueva generación: el que entra y no da ni los buenos días, y luego está todo el camino jefe para arriba, jefe para abajo.

La lista sería interminable porque los taxistas somos unos tipejos que nos quejamos de todo, pero por suerte, tú que me lees eres una persona súper amable que ya sabes cómo no tocarlos las pelotas.

* Cuentan que una vez estuvo un taxista tres horas esperando para alquilarse en una parada. Le cogió un cliente de mano para una carrera muy corta, además le pidió pagar con tarjeta y recibo. Nunca más se supo de ese cliente.

LOLITA

Un día, por vísperas del Pilar, fui a recoger un servicio y cogí a Lolita, ¿...o era Rosario? Bueno, es igual, siempre las confundo. Iba hablando por el móvil acerca de la enfermedad que acababa de enviar a la U.V.I. a Antonio Carmona, me enteré yo antes que la prensa del corazón. Y ahí estaba yo, poniendo oreja y escuchando en primicia. Y es que por el taxi pasa gente muy interesante. Ese mismo día llevé al ave a una clienta de Zaragoza que vivía en la Línea de la Concepción y trabajaba en Gibraltar. Resulta que era la directora informática de B-Win. Me pareció una persona superinteresante y un trabajo apasionante. Me enteré, por ejemplo, que, en la Romareda, en todos los partidos hay dos personas en la grada trabajando para ellos como informadores.

Por la tarde, recogí en el lugar del crimen a un periodista que buscaba información acerca del asesinato por parte de un radical de ultraizquierdas, de un señor que llevaba tirantes con la bandera de España. Yo podía tener la misma información que cualquier zaragozano en esos momentos, pero el periodista no hacía nada más que preguntarme. Parece como si los taxistas fuéramos una fuente de información inagotable. Vale que nos enteramos de cosas, pero ni lo sabemos todo, ni somos unos alparceros que vamos contando las conversaciones de los clientes…bueno, algunas veces, sólo algunas veces.

Como veis, en el taxi, todos los días hay función, y con protagonistas de todo tipo, ésta, no necesariamente ocurrió el mismo día, pero si con esos protagonistas, como en la función de Lolita…o ¿era Rosario? Bueno, es igual.

TAXISTA EN NUEVA YORK

Dicen que huele a hamburguesa, pero en realidad huele a bacón enrollado en salchichas Frankfurt del 7/11 y a pizzas guarras del *Little Italy*, buenísimas, por cierto. Humo saliendo por las alcantarillas hasta en verano, el verde de los tableros que separan de las obras, hormigón en las aceras, sus semáforos y sus señales, su luz, sus gentes hartas de contestar a turistas despistados, turistas por todos los lados, japoneses que no dejan ver el toro de al lado de la bolsa, negros jugando al basket, judíos a sus cosas, coros de gospel, también muchos puestos de fruta, su ruido único y característico…y si, sus taxis.

En la canción del *Pirata cojo*, Joaquín Sabina repasa un listado de las que se consideran como las vidas más privilegiadas en cada parte del mundo; por ejemplo, al Cappone en Chicago, legionario en Melilla o fotógrafo en Play Boy.

En ese listado también nombra taxista en Nueva York. Pues bien, nada más lejos de la realidad, desde estas líneas quiero derribar ese mito.

No es ningún chollo ser taxista en Nueva York. He estado de viaje de novios en la ciudad, y he podido ver cómo funciona.

Para empezar, las *yellow cards*, los taxis amarillos que son los que pueden recoger en Manhattan, cuestan un millón de dólares. Están la inmensa mayoría en manos de empresas privadas que explotan la licencia las 24 horas del día, con chóferes inmigrantes, que muchas veces no se conocen ni la ciudad y que cobran poco más que las propinas, si el mes es bueno.

Existen otro tipo de taxis, de color verde, que no pueden recoger en Manhattan. La licencia cuesta 10 veces menos que las yellow cards, pero evidentemente son menos rentables.

Si coges un taxi y al pagar no dejas un 10% de propina o, como mínimo, el redondeo al dólar, *mother focker* es lo más suave que te dirán.

Los coches no son ni tan grandes, ni tan cómodos, ni tan limpios, como nos hacen ver en las películas. Nissan ganó hace poco el concurso y la NV200 será el taxi del futuro: todos coches destinados al taxi serán ese modelo. Pero de momento mucho Toyota Prius, mucho Volkswagen Passat, alguna Kia…vamos, como aquí.

Aunque, para ser justos sí que les reconozco alguna ventaja; puedes parar a tomar café con los colegas en el McAnn´s Bar como hacia Robert De Niro en Taxi Driver, el tráfico está restringido en Manhattan y eso les facilita hacer muchas carreras y, sobre todo, disfrutan todo el día de las vistas de la ciudad más bonita del mundo.

MI NUEVO COCHE ELÉCTRICO

El año pasado se juntaron varios motivos para comprar un coche eléctrico, una subvención del ayuntamiento y ahorrar en combustible manteniendo el Toyota Auris como coche familiar. Pero mis planes empezaron a torcerse cuando dejé el Toyota para una puesta a punto y empezaron a descubrir averías. La junta de la culata, el bloque motor y alguna que otra pieza más hacían que pasaran de 4000€ la cuenta del "mantenimiento". Así que el Toyota, que había entrado al taller andando, se fue en la grúa directo al desguace.

Lo que en un principio no me planteaba, viajar con un coche eléctrico, me lo empecé a plantear.

Descubrir aplicaciones, cargadores, tarifas...la verdad que son medianamente intuitivas, pero funcionan regular y hay alguna que hay que ser casi ingeniero para completar todo lo que te piden; y aunque alguna funciona bien, da la sensación de estar todavía en pañales. Además, como sucede con los cargadores de los móviles, hay distintos tipos de conectores lo que no ayuda a facilitar ni la búsqueda de cargadores, ni la carga.

Me estaba programando un viaje desde Zaragoza a la provincia de Córdoba. Ya tenía miradas las paradas y dos días antes de emprender el viaje, me salió un servicio para llevar a un operario de Renfe a Matillas, provincia de Guadalajara. Acababa de salir de comer y tenía la batería del coche al 50%. Pensé que como los mandan con margen de tiempo, parando a hacer una carga rápida en Calatayud tendría de sobra para hacer el servicio. Por suerte el ferroviario era un chaval muy comprensivo y no puso ninguna pega a mi plan. Lo que pensaba que serían 10 minutos de carga "rápida" se convirtió en 30 minutos, porque ya apuraba el tiempo y pensé que podría cargarlo de nuevo a la vuelta.

El coche eléctrico marca la carga de batería en porcentaje y en kilómetros de autonomía, pero los da de forma estimada, en función de memorias y de condiciones climáticas, de conducción etc. Esa estimación en ciudad siempre es mayor por lo que hay que tener en cuenta que 300 km suelen equivaler a 200 en carretera. No os voy a marear a datos, pero por momentos dudé de poder llegar a destino. Llegué con 44 km de autonomía y me marcaba el cargador más cercano a 46, en Guadalajara. Angustia y sudores fríos eran mis compañeros de viaje en ese momento. Decidí intentarlo, a una mala, llamar a la grúa y que me llevé a un punto de carga era una dolorosa opción, pero mejor que quedarse tirado en la autovía que además tiene multa. La cabeza me echaba humo, al igual que el móvil abriendo aplicaciones en busca de más cargadores. El más cercano resultó ser un taller que cerraba a las 7 y eran menos 5. Por suerte era casi todo bajada y había podido recuperar algo de carga, pero el cargador ya estaba más lejos.

La batería al 2% y la carretera me sacó a la autovía. La autonomía pasó de marcar 10km a no marcar nada. Apareció la tortuga, conocida así en el argot de los coches eléctricos. La angustia y el acojone ya habían pasado a conducir por mi directamente. Una salida, una rotonda, la aplicación de electromaps y un cargador de Iberdrola en el Hotel Pax a 200 metros. Estaba salvado.

38€ la carga hasta el 75% de batería y una hora de espera. Con eso tuve que cargar de nuevo en Calatayud y haciendo cuentas me sale mejor viajar con un Ford Focus de gasolina que con el coche eléctrico. En cifras gruesas, me sale a 2,50€

los 100km cargándolo en casa, frente a los casi 20€ en cargadores rápidos. Supongo que será el futuro, pero de momento, aunque para el día a día del trabajo del taxi va bien y tengo muy bajos consumos, para viajar pensando en ir cargándolo por ahí todavía está en pañales, yo desde luego no lo aconsejo.